영과 혼

"혼의 권세" 대 "영의 권세"의 구별

제시 펜 루이스 지음
김순임 옮김

기독교문서선교회

기독교문서선교회(Christian Literature Crusade: 약칭 CLC)는
1941년 영국 콜체스터에서 켄 아담스에 의해 시작되었으며
국제 본부는 영국의 쉐필드에 있습니다.
국제 CLC는 59개 나라에서 180개의 본부를 두고, 약 650여 명의
선교사들이 이동도서차량 40대를 이용하여 문서 보급에 힘쓰고 있으며
이메일 주문을 통해 130여 국으로 책을 공급하고 있습니다.
한국 CLC는 청교도적 복음주의 신학과 신앙서적을 출판하는
문서선교기관으로서, 한 영혼이라도 구원되길 소망하면서
주님이 오시는 그날까지 최선을 다할 것입니다.

Soul and Spirit

How to Find Freedom from
the Tyranny of the Soul

by
Jessie Penn-Lewis

translated by
Soonim Kim

Korean Edition
Copyright © 2012 by Christian Literature Crusade
Seoul, Korea

역자 서문

 오늘날 많은 그리스도인들이 의인으로서의 삶을 살지 못하고 있다. 그리하여 그리스도인들이 세상 사람들 앞에 빛과 소금이 되지 못하고 있다. 왜 많은 그리스도인들이 의인의 삶을 살지 못하고 세상에 빛과 소금이 되지 못할까? 무엇이 문제일까?

 하나님께서는 우리를 예수 그리스도 안에서 새로운 사람으로 변화시켜 주셨다(고후 5:17). 우리는 이 말씀을 진실로 받아들이지 못하고 있다. 그리스도 안에서 자기 자신을 새로운 사람이라고 생각하지 못하고 있다. 자신이 누구인지를 말하는 정체성을 하나님 말씀 중심으로 인식하지 못하고 있다. 이것이 문제다.

많은 그리스도인들이 영적인 정체성을 인식하지 못하는 것은 영과 혼의 차이를 알지 못하기 때문이다. 우리나라 말로 번역된 대부분의 성경에는 영(spirit)이 영혼으로 번역되어 있다. 혼(soul)은 영혼 또는 여러 가지 다른 말들로 번역되어 있다. 영과 혼은 분명히 다르다. 서로 다른 영과 혼을 하나로 인식하면 영적인 정체성을 파악할 수 없다. 하나님 말씀을 바탕으로 하는 영 중심적인 정체성(의인)이 세상에서 형성된 혼 중심적인 정체성(자기중심적 자아)과 혼합되게 된다. 그리하여 우리는 설교에서 구원받은 죄인이라는 말을 많이 듣고 또한 자신들을 그렇게 생각한다.

하나님은 죄인들과 연합하지 않으신다. 하나님은 죄를 대면하지 않으시기 때문에 아담과 이브가 죄를 지은 후에 에덴동산에서 추방하셨다. 구원을 받은 사람은 분명히 의인(롬 5:9)이라고 성경은 증거하고 있다. 그리스도인들이 믿음을 통하여 의롭게 된 것은 영이다. 혼은 의롭게 되지 않았다. 영을 영혼으로 인식하면 구원받은 죄인이 될 수밖에 없다. 이것이 그리스도인들이 변화된 새로운 삶을 살지 못하도록 하는 원인이다. 이것이 하나님께서 아들 예수님을 통하여 주신 천국의 모든 영적인 복들(엡 1:3)을 누리지 못하고 나누지 못하도록 하는 원인이다. 다시 말하면 성령의 열매를 맺지 못하도록 하는 원인이다. 그리고 세상에 빛과 소금이 되지 못하도록 하는 원인이다. 영과 혼의 차이를 아는 것이 복음의 진정한 의미를 알고 그 능력을 경험하는 첩경이다.

목 차

역자 서문 _ 5

제1장 영과 혼 _ 11
    1. 혼과 그 기능들
    2. 인간의 타락

제2장 세속적인 그리스도인들 _ 27
    1. 십자가의 구원

제3장 혼적인 사람 _ 39
    1. 혼과 어둠의 권세들

제4장 "영"과 "혼"이 어떻게 나누어지는가 _ 63
    1. 십자가와 혼의 애착
    2. 십자가와 혼적인 이기주의
    3. 십자가와 세상적인 것들에 대한 혼적인 집착
    4. 십자가와 혼적인 자기 사랑
    5. 자유에 이르는 통로

제5장 영적인 그리스도인 _ 83

1. 혼적인 사람이 어떻게 영적으로 될 수 있는가
2. 영적인 삶의 법규들
3. 영적인 사람은 그리스도 안에서 "장성한 분량에 이르도록 성장"한다
4. 영적인 사람은 "사랑으로 완전하게 된다"
5. 영적인 사람은 모든 신자들과 함께 "하나가 되어 완벽하게 된다"
6. 영적인 사람은 "빛 가운데 걷는다"
7. 영적인 사람과 "신령한 몸"
8. 영적인 사람에게 일어날 수 있는 위험들

부록: "혼의 권세" 대 "영의 권세" _ 123

1. 종말의 위험에 빛이 비치다
2. 오늘날의 세상 문제들
3. 종말에 나타나는 정신적 발견들
4. "아들은 홀로 아무것도 할 수 없다"
5. 육신적인 것들을 "영적인 것들"이라 부르다
6. 영과 혼의 차이
7. 영적 사실에 비추어 본 혼적 모조품들

Soul and Spirit
영과 혼

제1장

영과 혼

> 하나님의 말씀은 살았고 운동력이 있어
> 좌우에 날선 어떤 검보다도 예리하여
> 혼과 영과 및 관절과 골수를 찔러 쪼개기까지 하며
> 또 마음의 생각과 뜻을 감찰하나니(히 4:12).

일반적으로 그리스도인들이 "영"과 "혼"의 차이에 대하여 무지하기 때문에 헌신되어 있는 열성적인 그리스도인들이 성장하지 못하고 있다. 펨버(G. H. Pember)는 이 무지함의 원인을 널리 알려져 있는 "몸과 혼" 때문이라고 말하고 있다. 히브리서 4:12의 "혼과 영"을 영어로 번역할 때 그 의미를 잘 전달하지 못한 것이 원인이다. 또한 영어에서 자주 동의어로 쓰고 있는 "영"(Spirit)과

"혼"(Soul)에 대한 명사는 있는데, 후자인 혼의 형용사는 없다고 말하고 있다. 혼의 형용사를 누락시킨 결과 대부분의 영어 성경에서 세 부분으로 나누어진 인간의 특성이 거의 나타나 있지 않다. 그는 "혼에 속한"이라는 의미의 헬라어가 어느 때는 "본성적인"으로 번역되었고, 어느 때는 "관능적인"(고전 2:14; 약 3:15; 유 19절) 의미로 번역되었다고 말하고 있다.

물론 헬라어 학자들은 원어의 단어들, 즉 영을 의미하는 프뉴마(pneuma), 혼을 의미하는 프쉬케(psuche), 육을 의미하는 삭스(sarx)를 잘 알고 있다. 그러나 대부분의 그리스도인들은 이 단어들의 뜻에 차이가 있다는 것을 모르고 있다. 그 결과, 그리스도인들이 이 단어들의 의미의 차이를 구별하지 못하여 아직도 절대적 평안에 거하지 못하고 있다. 이 단어들의 의미를 바르게 아는 것이 학문적으로 매우 중요하다. 이것은 초인간적인 지혜를 가지고 있는 타락한 천사장인 사탄이 인간의 특성을 잘 알고 있기 때문이다. 빛의 천사로 가장한 사탄은 가지고 있는 모든 지식을 활용할 것이다. 그는 성령님의 역사를 모방할 수 있고 또한 인간의 영에 거하는 하나님의 영의 순수한 생명을 완벽하게 혼의 영역에서 모방할 수 있다. 그리하여 대부분의 진실한 그리스도인들을 속일 수 있다. 따라서 영과 혼의 차이에 대해 하나님 말씀으로 가능한 한 분명하게 가르쳐서 신앙이 어린 신자들도 그 차이를 이해할 수 있도록 하는 것이 필요하다.

저자는 헬라어로 된 신약성경을 읽는 사람들의 필요를 채워주려는 것이 아니다. 오히려 도움이 필요한 사람들이 진리를 알 수 있도록 하나님의 영의 도움을 진지하게 추구하고, 신앙의 성장이 필요할 때 성경에서 말하고 있는 영적인 사건들을 영적으로 이해할 수 있도록 돕기 위한 것이다. 여기서 독자는 잠시 멈추어 서서, 가르침을 잘 따르는 자녀들에게 하신 약속을 하나님의 영이 이루실 것이라는 확신을 가지고 믿음의 행위로 요한복음 14:26, "성령님께서… 너희에게 모든 것을 가르치시고…", 요한복음 16:13, "진리의 영께서 너희를 모든 진리 가운데로 인도하리니…"의 약속을 믿어야 한다. 성령님은 신자가 지적으로는 진리를 알지 못하지만 경험을 통하여 혼과 영의 차이를 알 수 있도록 가르치실 수 있다. 반대로 학자는 헬라어로 표현되어 있는 것처럼 혼과 영의 차이를 분명히 알 수 있으나, 이 단어들의 진정한 의미를 경험적으로는 전혀 알 수 없다. 학자는 영적인 능력 대신 정신적 지식을 붙잡기 때문이다. 그렇다면 이것은 영이 없는 글자일 뿐이다. 따라서 "영과 혼의 차이"를 지식적으로 알기 전에, 성령님의 가르침을 개인적으로 받은 신자는 헬라어를 읽을 수 있는 독자보다 "진리의 말씀을 더 정확하게 이해하고" 나눌 수 있다. 자연인, 즉 "혼에 속한" 사람(고전 2:14)은 이해할 수 없는 영적인 진리들이 성경 말씀 이면에 있고, 이것들은 계시에 의해서만 알 수 있기 때문이다.[1]

먼저 영어에 빠져있는 혼(soul)의 형용사에 관하여 살펴보자! 펨버는 혼의 형용사를 헬라어의 형용사인 "정신의"를 이용하려 했다는 것을 말하고 있다. 그러나 이 단어는 너무 헬라어적 표현이어서 일반적으로 사용할 수 없었다. 펨버는 이 단어를 야고보서 3:15와 관련하

---

1) 고린도전서 2:10-12을 보라, *Conybeare and Howson* 번역

여 "혼적"(soulish)이라는 단어를 이용하고 있는데, 이것이 필요한 의미를 훨씬 잘 표현하고 있다. 스탁메이어(Stockmayer) 또한 혼에 속해 있다는 것을 알리기 위해 펨버와 똑같이 "혼-적"(soul-ish)이라는 단어를 이용하고 있다. 그가 고린도전서 2:14와 관련하여 "헬라어 성경은 이것을 '혼의 사람' 또는 '혼적인 사람'으로 표시하고 있다고 말하고 있기 때문이다. '영적'이라는 단어가 영의 형용사이기 때문에 '혼적'은 혼의 형용사이다. 따라서 "혼적"이라는 단어는 영어성경에는 없는 형용사지만, 영어성경을 읽는 독자들은 받아들일 수 있을 것이다. 우리가 "영적"(고전 3:1) 그리스도인과 "육신적" 그리스도인을 쓰는 것과 마찬가지로, "혼적" 그리스도인으로 말할 수 있을 것이고 그 의미도 이해될 수 있을 것이다. 이 단어가 영어사전에 없을 지라도 이 목적을 위해 이 글에 그대로 이용될 것이다.

갤(Gall)은 영과 혼의 차이에 관하여 영어뿐만 아니라 히브리어를 비롯한 모든 유서 깊은 언어들에도 표현해야 할 것을 지적하고 있다. 그러나 영어 신약성경에서

단 두 개의 구절만이 이 차이를 분명하게 나타내고 있다. 히브리서 4:12에서 "영과 혼을 구별"하고 있고, 데살로니가전서 5:23에서 "…영과 혼과 몸을 흠 없이 보존하기를…"로 구별되어 있다. 그러나 이 두 구절만으로도 영어성경 독자는 인간이 혼과 몸뿐만 아니라 영(양심·교통·직관)과 혼(지·정·의)과 몸(피·뼈·살)의 세 부분으로 구별되어 있다는 것을 충분히 알 수 있을 것이다.

1. 혼과 그 기능들

여기서는 두 개의 질문을 생각해야 한다. "'영'과 구별되는 '혼'은 어떤 것인가?" 그리고 "각각의 기능들은 무엇인가?" 성경말씀을 논하기 전에, 여기서 사도가 "영과 혼으로 나눈" 의미가 무엇이고, "영과 혼과 몸"이 주님께서 오실 때 어떻게 흠 없이 보존될 수 있을지를 더욱 분명하게 알 수 있도록 하는 저자들의 말을 살펴보자.

초기 기독교 시대 저자들이었던 교회 신부들 가운데

한 분인 터툴리안(Tertullian)은 "혼의 몸"을 "육" 또는 "육체적" 존재라 했고, 혼을 "영을 담고 있는 그릇"이라고 불렀다. 혼은 영과 몸 사이에 있다. 영과 몸은 직접적인 의사소통이 불가능하다. 영과 몸의 교류는 매개체, 즉 혼적 존재를 통해서만 전달될 수 있다.[2]

앤드류 머레이(Andrew Murray) 박사는 "혼은 만남의 장소, 즉 영과 몸이 연합할 수 있는 곳"이라고 했다. "몸을 통하여 살아있는 혼인 인간(창 2:7)은 감각적인 외부 세계와 연결된다. 영을 통하여 인간은 영적인 세계와 연결된다."

펨버는 각각의 기능들을 다음과 같이 아주 분명하게 설명하고 있다. "몸은 감각 중심이고, 혼은 자아 중심이며, 영은 하나님 중심이다." 그는 다시 몸은 "우리가 오감을 이용하도록 하고, 혼은 현재의 존재 상태인 우리를 지적으로 돕고, 감각에서 기인한 감정들을 가지고 있다." 반면에 영은 가장 고상한 부분으로 "하나님과 교통

---

2) G. H. Pember, *Earth's Earliest Ages*

하고, 오직 영으로만 그분을 이해하고 예배할 수 있다."

앤드류 머레이 박사는 인간이 "살아있는 혼"이 되었을 때 부여 받은 혼의 선물들이 의식, 자주적 결정, 또는 마음과 의지라고 쓰면서 펨버의 의견에 동의했다. 그리고 이것들은 영적인 생명을 받아들이기 위한 "그릇이나 틀"이다. 머레이 박사는 또한 "영은 하나님 중심인 곳이고, 혼은 자아 중심인 곳이고 몸은 세상 중심인 곳"이라고 말했다. 하나님께서는 영에 거하신다. 자아는 혼에 있고, 감각은 몸에 있다.[3]

다시 펨버는 인간이 창조된 것과 인간이 어떻게 세부분으로 구성된 존재인지에 관하여 쓰고 있다. "하나님께서는 먼저 감각이 없는 뼈대를 만드시고, '생명의 호흡'을 불어넣으셨다"(창 2:7. 원형은 복수로 되어있다). 이것은 "하나님께서 호흡을 불어넣으셔서 감각적(감각들과 관계가 있다는 의미)이고 영적인 두 겹의 생명을 만드셨다는 것이다."

---

3) Andrew Murray, 『그리스도의 영』(*The Spirit of Christ*), 임석남 역(서울: CLC, 1986)

그는 각주에서 "생명들의 호흡"으로 복수를 이용한 것에 대해 가능한 의미는 "하나님의 호흡을 불어넣어진 것은 영이 되었고, 동시에 몸에 행한 행동에 의해 혼이 만들어졌다"고 첨가하고 있다.

요약하자면, 이 저자들의 주장은 실질적으로 "혼"은 성격의 장소이고 의지와 지식 또는 마음으로 구성되어 있다. 인간적 존재인 혼은 영적 세계에 대하여 열려있는 "영"과 자연과 감각적인 외부 세계에 대하여 열려있는 몸 사이에 있다. 세상이 인간 전체를 지배하거나 통제하는 것에 대하여 혼이 선택할 능력을 가지고 있다.

예를 들어 아담이 에덴동산을 거닐 때, 하나님께서 불어넣어주신 영은 그의 "혼", 즉 지성과 마음과 의지를 지배하게 되었다. 영은 이 땅의 흙으로 된 임시 거처인 몸을 통하여 환한 빛을 반사하는 "혼"이라는 그릇을 통하여 외부로 나타나고, 추위와 열에 영향을 받지 않는다. 혼, 즉 지성과 마음과 의지를 지배하는 영은 하나님의 창조의 목적을 완벽하게 수행할 수 있도록 만들어졌다.

2. 인간의 타락

그러나 (애석하게도 "그러나"를 쓸 수밖에 없는 것은) 인간이 타락했고, 타락 후의 결과는 "그 마음에서 생각하여 상상하는 모든 것이 항상 사악할 뿐임을 보시고"(창 6:5)라고 주님께서 말씀하신 바와 같이 나타났다. "타락"은 분명히 혼의 지적인 부분에서 시작되었다. 이브가 "그 나무가 사람을 지혜롭게 할 만큼 탐스럽게 보였다"(창 3:6)고 말했기 때문이다. 뱀은 흙으로 만들어진 그릇, 즉 사람의 물질적인 부분에게 호소한 것이 아니었다. 몸은 그 때 완벽하게 영의 지배를 받고 있었다. 뱀의 호소는 인간의 지성과 이해력을 향해 있었고, 보이지 않는 세계의 영역에 있는 지식과 능력에서 앞서고자 하는 율법적 욕망을 바탕으로 하고 있었다. 뱀은 하나님에 의해 창조된 "네가 짐승들처럼 될 것이다"가 아니라 "네가 하나님 같이 될 수 있다"고 말했다! 이 유혹은 **지식**, 아마 하나님께서 적절한 때에 주실 바로 그 지식이었다. 그러나 그 때가 되기 전에 불순종으로 하나님의 뜻을 거슬러 얻으려 했다.

따라서 타락과 관련하여 고린도전서 1:19에 있는 사도 바울의 말은 아주 중요하다. 사도 바울은 "십자가의 말씀"은 하나님의 능력으로 "현명한 자들의 지혜를 폐하기" 위한 것이라고 말했다. 죄가 지성을 통하여 들어왔기 때문에, 구원은 바로 그 구원의 메시지를 받아들여 타락한 "지혜"를 폐하는 십자가에서 온다. "그리스도가 십자가에 못 박혀 죽었다"는 설교는 인간의 지혜인 "어리석음"에 대한 것이다(고전 1:18-25). 따라서 하나님은 타락하도록 한 그 원인을 그분의 지혜로 해결하는 방식으로 구원을 제공하고 계신다! 사도 바울은 "너희 중에 누구든지… 지혜로운 것처럼 보이려거든 어리석은 자가 되라. 이는 **이 세상의 지혜가 하나님께는 어리석은 것이기 때문이요**…"(고전 3:18-19)라고 기록하고 있다.

더욱이 이브는 사탄 자신이 "내가 지극히 높으신 자와 같이 되리라"(사 14:13-14)고 말하여 타락의 원인이 되었던 바로 그 유혹에 빠져 타락하게 되었다. 사탄은 이브를 매혹시키는 방법을 알고 있었다. 그는 이브가 가지고 있었던 것보다 더 고상한 것을 제안했다. 그녀는 흙으로 만들어진 한계가 있는 몸을 가지고 있었지만, 세 부분 가운데 몸보다 더 고상한 부분인 지식을 이해하고 발전시킬 수 있는 혼을 가지고 있었다.

파멸로 인한 영향의 정도를 우리는 수년이 지난 후에야 알게 된다. 인류의 상태가 어떤지를 보여주는 기록이 급박하다는 것을 밝혀주고 있다. 에덴동산에서 선과 악을 아는 지식을 얻은 "지혜"는 당연한 순서에 따라 궁극적으로 몸속으로 완전히 들어오게 되었다. 그래서 인간의 세 부분 가운데 동물과 같은 몸의 속성이 우세하게 되었다. 그 후로 하나님은 타락한 인류를 업신여기시고, "내 영이 사람 안에 거하지 아니 하리니…이는 그들이 육체이기 때문이라"(창 6:3)고 말씀하셨다. 그래서 타락한 아담인 인류에게 "사망이 지배하게" 되었을 뿐만 아니라 첫 사람 아담과 같이 모든 인간의 존재가 "흙에서 나서 흙에 속하게 되었다"(고전 15:47). 그리고 영 대신 육이 지배하게 되었다. "자신"의 성품인 혼(눅 9:23을 보라)은 영을 보완하지 못하고 흙에 속하여 육신의 노예가 되었다.

따라서 중생하지 못한 인간의 상태는 이제 ① 인간의 영은 하나님과 단절되어 타락했고, 그분의 생명을 잃게 되었다(엡 4:18). "하나님 없이"는 그리스도와 분리되어(엡 2:12), 그분과 교제를 할 수 없게 된다. ② 지성, 마음, 의지, 즉 자아 중심의 혼은 몸을 지배 하거나, 또는 ③ 몸에 있는 욕망과 기호들이 혼을 노예로 만들어 지배할 것이다. 따라서 인간의 영은 하나님께 대하여 "죽어" 어둠 가운데 있는 동안에도 마음이나 몸만큼 충분히 활동을 할 수 있다. 중생하지 못한 사람의 영은 매우 큰 능력을 가지고 있기 때문에 어두운 상태에서도 혼과 몸을 지배할 수 있다. 이런 사람은 주로 혼적이거나 육적인 사람들보다는 "영적"이라고 할 수 있다. 이들은 성령 하나님을 떠나 세상의 영과 교류하기를 추구하고, 마귀의 방법으로 그들에게 주어진 투시력과 같은 신비한 능력을 발휘할 수 있는 "매개체"가 되는 사람들이다. 인간의 영이 중생하여 하나님의 영이 거하지 않으면, 타락한 사탄의 영들과 같이 되어 지금은 불순종의 아들들 안에서 활동하는 영, 즉 공중의 권세 잡은 통치자의 지배를 받는다(엡 2:2-3).

따라서 타락한 인간의 영, 즉 에덴동산에서 추방될 때 하나님과 분리된 영은 말하자면 혼의 그릇 속으로 들어간다. 그리고 그 혼은 다시 사도 바울이 "육신의 권세"라고 부른 몸속으로 들어간다. 그리하여 마음이 변화되지 않은 사람들 안에서 "혼은 때로는 지적으로, 때로는 감각적으로, 대개는 둘 다를 이용하여 절대적인 통치권을 가지고 지배한다. 이것이 유다가 유다서 19절에서 되찾아야 한다고 말하고 싶어 했던 것이다. "이들이 영을 갖지 못하여 혼의 지배를 받는 사람들, 즉 분리된 사람들이다."[4]

포세트(Fausset)가 그의 주석서에서 이것을 아주 분명히 하고 있다.

> 인간이란 존재의 세 부분 가운데…하나님이 디자인한 당연한 상태는 '영'이 첫째가 되어 몸과 영의 중간에 위치한

---

[4] G. H. Pember, *Earth's Earliest Ages*

혼을 지배하는 것이었다. 그러나…자연인에게 영은 육신적 혼에 종속될 정도가 되어버렸다. 육신적인 혼의 동기와 목적들은 세속적이다. '세속적인' 사람들은 어느 정도 낮아졌는데, 이들에게 가장 낮은 요소인 육신이…최고의 권위를 가지고 지배한다.[5]

어둡고 타락한 "인간의 영이 중생하여 다시 살아나 새롭게 된다."[6] 이것이 주님께서 "이스라엘의 지도자"에게 말씀하신 뜻이다. 그분은 이스라엘 지도자에게 알고 있는 모든 종교적 지식에도 불구하고, "사람이 위로부터 태어나야 한다"(요 3:3, 또한 넓은 의미의 7절)고 말씀하셨고, 후에 제자들에게 "살리는 것은 영이니 육신은 아무 것도 유익하게 하지 못 하느니라"(요 6:63)고 말씀하셨다.

타락한 인간의 영에 위에서 온 새로운 생명이 이르도록 하는 것이 주님의 말씀에 나타나고 있다. "성령이 마음대로 불 듯…성령으로 난 사람도 다 이러하니라"(요 3:8). 그리고 하나님의 영이 인간의 영을 새 생명으로 살

---

5) 포세트(Fausset)의 유다서 19절에 대한 주석.
6) Andrew Murray, *The Spirit of Christ*의 부록에 있는 Note 참조.

리시는 이유가 요한복음 3:14-16에 사람이 된 하나님이 죄인으로 십자가에서 죽으심으로 나타나 있다. "그를 믿는 자는 멸망하지 않고 영생을 얻으리라."

  십자가와 타락은 사람을 치유하는 것으로 정확하고 완벽하게 일치한다. 첫째, 구원자가 십자가에 죽음으로 죄가 제거되었고 이것이 거룩한 하나님께서 죄인을 용서하실 수 있도록 했다. 둘째, 죄인은 타락한 혼과 몸의 얽매임에서 벗어나는 길을 얻어야 했다. 인간의 세 부분 가운데 영이 그 때 다시 우위를 차지하게 되고, 몸은 단순히 외적이고 물질적인 그릇, 즉 혼을 통한 영의 도구로 다시 변경된다.

  구원자와 함께 죄인도 죽는 것을 보여주는 이 탈출 방식이 많은 성경구절들에 분명히 나타나 있다. 십자가의 온전한 의미를 살펴볼 때에 실질적인 구원의 방법을 알 수 있다.

제2장

세속적인 그리스도인들

> 형제들아,
> 내가 영에 속한 자에게 말하는 것 같이
> 너희에게 할 수 없어서 육신에 속한 자
> 곧 그리스도 안에 있는 갓난 아이들에게
> 말하는 것같이 하였노라(고전 3:1).

다시 말하지만, 혼은 자아 중심(성격, 의지, 지성)의 자리로서 하나님 중심의 영과 감각의 자리 또는 세상적인 몸 사이의 중간에 위치해 있다. 갤(Gall)은 "혼"은 혼에서 생명을 이끌어 내거나, 더 고상한 부분인 영 또는 더 낮은 부분인 몸에서 힘을 얻는다고 말하고 있다. 라틴어로 "혼"이라는 단어는 몸의 법칙에 따라 움직이는 애니마(anima)이다.

타락한 영에게 생명을 전하는 하나님의 영의 생명으로 살아나거나, 또는 중생한 영을 가진 사람인 구원받은 사람 안에서 혼은 육체적 생명에 의해 아래의 지배를 받거나 또는 영적 생명에 의해 위의 지배를 받는다. 이것은 세 단계의 그리스도인들이 있다는 것을 말하고 있다.[1] 크게 구분하여 구원 받거나 구원 받지 못한 두 부류의 사람들이 있지만, 구원 받은 신자들 가운데에는 하나님 안에 있는 생명으로 성장하고 지식을 아는 정도에 따라 나누어지는 세 부류가 있다. 신자들의 세 단계는 성경에 다음과 같이 분명히 언급되어 있다.

1) 영적인 사람

새로워진 인간의 영에 거하면서 격려하는 하나님의 영의 지배를 받는다.

---

[1] 구원 받고 구원 받지 못한 두 부류의 사람들이 있지만, 신자들 가운데 하나님 안에 있는 생명으로 성장하고 지식을 아는 것에 따라 설명된 다른 부류의 신자들이 있다.

2) 혼적인 사람

혼, 즉 지성이나 감정의 지배를 받는다.

3) 세속적인 사람

육체적 습관들이나 욕망들인 "육체적인 능력", 즉 육의 지배를 받는다.

고린도전서 3:1에 이용된 헬라어 프쉬케(psuche)는 육이다. 이것은 혼이 아니라 로마서 8:7에 "육신적[sarx]인 생각은 하나님을 거스르는 것"이라는 단어의 형용사인 사키코스(sarkikos)다. "프쉬케"(psuche) 또는 혼적인 삶이 하나님을 거스르는 것이 아니라 육신적 생각이 하나님을 거스른다고 말하고 있다. 자연인 또는 "혼적"인 사람은 영의 일들을 이해하거나 또는 받아들이지 못하는 것(고전 2:14)이 사실이다. 그러나 그가 단순히 혼적이기 때문에 거스른다고 말하고 있지 않다! "그리고 [본성에 속한 사람, 헬라어로 '혼적인 사람'은 하나님의 영의 것들을 받아들일 수 없기 때문에, 나 또한 그렇게 생각한다]

내가 하나님의 깊은 것들을 영에 속한 자에게 말하는 것 같이 너희에게 할 수 없어서 육신에 속한 자에게 말하는 것 같이 하였노라"[2]고 사도 바울은 쓰고 있다. 사실 고린도 교인들이 "그리스도 안"에서 진실로 중생하였다 할지라도 아직 육신의 지배를 받고 있기 때문에, 사도 바울은 그들을 여전히 "세속적" 또는 육신적인 사람으로 설명할 수밖에 없었다. 육신의 작용으로 질투와 불화가 일어나는 것이 이것을 증명하고 있다. 사도 바울이 갈라디아서에서 "육신의 행위들은 명백하니 곧 간음과 음행과 부정함과 색욕과 다툼과 폭동과 이단 파당과 시기와 살인과 술 취함과 흥청댐과 그와 같은 것들이라"(갈 5:19-21)고 말하고 있기 때문이다. 이 가운데 어느 것이라도 신자에게 나타난다면 혼이나 또는 성격을 통해 질투나 불화 가운데에서 육신적 삶이나 또는 "사키코스"(sarkikos), 육이 어느 정도 작용하는 것을 나타낸다. 이런 사람은 "혼"적인 사람, 즉 단순히 "본성에 속한 사

---

2) Fausset

람"이라기보다, 영이 생명으로 살아났다 할지라도 "육을 따라" 걷는 사람이다. 따라서 "육을 따라" 걷는 사람들은 하나님을 기쁘게 할 수 없다.

사도가 이런 고린도교회 신자들을 "세속적"이거나 또는 "육신적" 그리고 "그리스도 안에서 갓난아기로 표현하고 있는 것은 "그리스도 안에서 갓난아기"는 일반적으로 영적인 삶의 첫 단계인 육의 지배 아래, 또는 "육 안에" 있다는 것을 분명히 보여주고 있다. 거듭남으로 이들은 분명히 "그리스도 안"에 있다. 즉 "누구든지 그를 믿으면 영생을 얻는다"는 요한복음 3:16 말씀처럼, 참으로 그분의 생명으로 살아나서 그분의 영에 의해 그분 속에 심겨져 있다. 그러나 참으로 살아있는 믿음으로 "그리스도 안에서 갓난아기"인 사람들은 십자가에서 그분의 죽음과 합하여 세례를 받아 다시 살아난 존재가 되도록 한 십자가를 아직도 파악하지 못하고 있다.

아직도 "갓난아기" 수준의 고린도 교인들을 사도가 나무라는 것이 그의 말에 나타나있다. 이 갓난아기 단계는 오래 지속되지 않아야 하기 때문이다(히 5:11-14). 죄인이 구원자와 함께 죽은 것(롬 6:1-13)을 이해한 결과로 영이 바로 살아난다. 인간을 위해 십자가에서 하나님의 아들이 죄의 대가로 희생제물이 된 것을 단순하게 믿은 사람에게 하나님께서 생명의 영을 불어넣어주셔서 영이 살아난 것이다. 그리고 고린도 교인들이 아직 분명하게 알지 못했던 죄인이 구세주와 함께 죽은 것이 "육"을 좇는 삶에서 해방 시켜주는 것이다. 그리스도 안에서 갓난아기인 세속적인 그리스도인의 징조들을 사도는 아주 분명하게 스케치하고 있다. 오늘날의 모든 신자들이 이 징조들을 통하여 자신이 "아직 세속적"인지 아닌지를 판단할 수 있다. 우리는 여기서 이것을 깊이 생각해야 한다.

1. 십자가의 구원

"예수 그리스도께 속한 사람들은 육을 십자가에 못 박았다"(갈 5:24). 이 말씀은 사도가 갈라디아 교회에 보내는 편지에서 성령이 있는 영 안에 거하는 영적인 사람이 삶에서 맺는 "영적인 열매"와 대조하여 "육신의 행위들"을 설명하며 마치는 말이다.

"아직 그리스도 안에서 갓난아기인 세속적인 그리스도인"은 십자가의 의미에 대하여 잘 이해 할 필요가 있다. 그리스도를 죽이신 하나님의 목적은 "옛 사람"을 그리스도와 함께 십자가에 못 박아서 "그리스도께 속한 사람들"의 모든 정욕과 애착을 "육과 함께 십자가에 못 박기 위한 것"이라는 뜻이다. 죄의 대가가 지불되어 죄의 짐이 어린 양의 피로 제거된 바로 그 십자가가 "세속적인" 그리스도인이 육신의 지배에서 구원받아야 할 그 십자다. 그래서 "육을 따라 걷지" 않고 영을 따라 걸어서 마침내 그리스도 안에서 "영적"으로 충분히 성장한 사람이 되어야 한다. 그런데 "세속적"인 그리스도인은 오래 전에 신앙심을 가졌다 해도 그리스도 안에서 "아기"인 사람이다.

로마서 6장은 그리스도의 십자가를 통하여 자유에 이르도록 하는 대헌장이다. 이것이 그리스도 안에서 갓난아기인 그리스도인들이 알아야 할 것이다. 갈라디아서 5:24와 그 외의 구절들이 간단한 참고 자료만 될 뿐인 구원의 기초를 로마서 6장은 아주 분명하게 설명하고 있기 때문이다.

몸의 "행실들"을 죽여서(롬 8:13, 난외주; 골 3:5) 그리스도와 함께 죽어야만, 신자는 성령 안에서 성령을 따라 살고, 성령을 따라 걸으며, 성령을 따라 행동할 수 있다. 그래야 영적인 사람이 되는 것이다. 사도 바울은 로마 교인들에게 말한다.

> 우리가 '육신 안'에 있었을 때에는…
> 죄들의 활동이 우리 지체 안에 작용하여
> 사망에 이르는 열매를 맺게 하였으나,
> 이제는…죽었으므로 율법에서 건짐을 받았다
> (롬 7:5-6, 난외주).

"죄 있는 육신의 모양으로"(롬 8:3), 죄가 전혀 없으시고 거룩하신 하나님의 아들이 "죄의 제물"로 나무에 달리셨다. 그분이 우리 죄를 위해, 그리고 죄인에게 있는 죄에 대하여 죽었기 때문에, 하나님께서는 그분의 아들과 진정으로 연합된 모든 사람 안에서 "육체에 있는 죄"의 생명을 영원히 제거하셨다. 신자는 "육체 안에서" 살고 있다(고후 10:3). 이것은 사실이다. 신자는 아직도 육신인 몸 안에 있다. 그러나 일단 그가 나무에 달리신 "죄 많은 육신의 모양"이 된 하나님의 아들을 보고, 그분 안에서 자신이 죄에 대해 죽었다는 것을 알면, 그 시간부터 그는 몸으로는 "육체 가운데" 산다(갈 2:20). 그러나 그는 더 이상 몸의 욕구와 욕망에 따른 "육을 따라" 걷지 않고 하나님의 영이 거하시는 자신의 새로워진 영을 바탕으로 "영을 따라" 걷는다[비교. 롬 8:5-6].

갈보리 십자가 위의 하나님의 아들의 역사를 기초로, 죄인을 위해 죽으신 그분 안에서 죄인은 자신을 위해 대신 죽으신 그분과 동일하게 되었다. 구원받고 다시 살아난 신자는 자신을 "죄에 대해 죽었다"고 "믿기"로 부르심을 받았다. "우리 옛 사람"이 그분과 함께 십자가에 못 박혔기 때문이다. 인간이 변함없이 신실하게 "죄가 지배하는 것을 거부"할 때(롬 6:6; 12-14), 인간의 영에 거하시는 하나님의 거룩한 영이 "죄의 몸", 즉 타락한 인간 전체에 있는 궁극적 문제인 모든 죄의 본토를 "파괴하는"[3] 신성한 목적을 달성하실 수 있다. "그리스도 안의 갓난아기"가 이것을 알 때, "육"이 우위를 차지하여 지배하는 것을 중지하게 된다. 이것은 그가 예수 그리스도 안에서 하나님께 대하여 살아난 승천하신 주님과 진실로 연합되어 영적으로 살아났다는 것을 아는 것이다.

---

3) "킹 제임스 역본에 있는 파괴하다(destroyed)는 단어를 알포드(Alford)는 '제거하다'(done away)로, 다비(Darby)는 '소멸하다'(annulled)로 번역했다. 로마서 3:3에서 이것은 '효력을 제거하다'(make without effect)로, 로마서 3:31에서는 '무익하게 하다'(make void)로, 로마서 4:14에서는 '아무 효력이 없도록 하다'로, 로마서 7:2에서는 '강한 구속력이 없다'로, 로마서 7:6에서는 '해방되다'로 번역되었다. 로마서 6:6에 대한 최상의 번역이 어떤 것이든, 이것은 신자를 죄에 얽매이도록 하는 권세를 '죄의 몸'이 갖지 못하게 되었다는 것을 알리는 것이라는 것이 분명하다…"-W.R.N. 이 단어의 어원이 되는 단어는 "이용되지 않고 버려두다, 쓸모없게 하다"는 의미다. 따라서 실제로 우리가 첫 아담 안에서 선천적으로 받은 모든 것이 "죄의 몸"이 사실상 폐지되는 것은 "수치스런 몸"이 주님께서 하늘에서 오실 때 "그분의 영광의 몸으로 변화될 때"에만 경험적으로 절정에 이를 수 있다(빌 3:21).

이것을 파악한 "그리스도 안의 갓난아기"는 이제 "하나님께 대하여 살아난" 존재의 의미를 알고 있다. 따라서 성령으로 영을 따라 걸으며 그는 육신의 욕망을 이루는 일을 중단하게 된다. 이제부터는 하나님의 영이 거하시는 자신의 영이 자신의 전 존재를 지배하도록 허용한다. 이것은 그가 다시 "육을 따라" 걷는 실족을 의미하지 않는다. "영의 것들"에 마음(양심·지·정·의)을 두고 자신이 "죄에 대하여 실제로 죽었다"는 것을 계속 믿는 한, 그는 "성령에 의해" 생명의 새로움 속에서 걸으며 "육신의 행위들"(롬 8:13, 난외주)에 대하여 "죽도록 할 것이다."

Soul and Spirit
영과 혼

제3장

혼적인 사람

> 본성에 속한 사람['혼적인 사람']은 하나님의
> 영의 것들을 받아들이지 아니하나니…
> 이러한 것들은 영적으로 분별되기
> 때문이라(고전 2:14).

십자가의 지식을 알고 "육을 따라" 걷기를 중단하는 단계에 도달한 그리스도인들은 이제 자신들이 완전히 새롭게 되어 하나님의 영의 인도를 따르는 "영적인" 신자들이라고 생각한다. 그러나 앤드류 머레이 박사는 십자가의 지식을 안 다음에 오는 가장 중요한 교훈이 있다고 말한다. 그는 "마음과 의지의 능력을 이용하여 혼이 극단적인 활동을 할 수 있는" 위험과 관련된 가르침, 즉

"교회나 개인이 두려워해야 하는[1] 가장 큰 위험"이 뒤따른다고 말하고 있다.

영적으로 살아난 신자는 성령으로 나서, 하나님의 영이 그의 영에 거하신다. 그분께서는 육을 따르는 삶을 극복하여 승리할 수 있는 길을 제시하는 십자가의 계시를 신자에게 보여주셨다. 그래서 그는 이제 생명의 새로움으로 "육의 행위들"로 나타났던 죄를 극복하고 승리하는 삶을 살 수 있다. 이 단계에서 다음과 같은 질문들이 있을 수 있다. 성격인 "혼", 즉 지성 또는 감정적인 행동에 나타나는 자신을 어떻게 생각하는가? "육신의 행위들"은 별도로 하고 인간이 행동하도록 하는 능력은 어떤 것인가?

첫째, 그는 생명을 주는 영이시고, 마지막 아담으로서 살아나신 주님이시고, 위에서 온 영적인 생명이신 그분의 다스림을 받을 것인가?

---

1) Andrew Murray, 『그리스도의 영』(*The Spirit of Christ*), 임석남 역(서울: CLC, 1986)의 부록에 있는 Note 참조.

둘째, 아니면 첫째 아담으로 타락한 생명인 아래의 영역에서 오는 생명의 지배를 받을 것인가?

신자가 그리스도와 함께 죄에 대하여 죽었다는 것을 이해하고, 습관적으로 "육을 따라" 걷는 것을 중지할 때, "영적인 사람"이 되고 "완전히 죄에서 해방 된다"는 널리 퍼진 생각이 잘못되었음을 이미 지적한 바 있다! 단순히 육이나 또는 세속적인 삶의 지배에서 벗어나는 것이 "혼"적인 삶을 중단하거나 또는 본성적인 생명을 따라 걷는 것을 중단한다는 뜻이 아니다. "죄에 대하여 죽고", "육"이 십자가에 못 박힌 것은 하나님의 영이 역사하여 구원 받은 사람에게 이루어진 하나의 단계일 뿐이다. 이런 사람은 "사키코스"(sarkikos) 또는 육신적으로 되는 것을 중단했을지 모르나 여전히 정신적(psychical)이거나 "혼"적이다. 즉 영이나 하나님 중심의 영역이 아닌 혼의 영역에서 살고 있다.

이것을 분명히 이해하기 위해, 우리는 그리스도인이 "세속적" 또는 "육을 따라" 사는 것을 중지해도 "혼"적인 삶을 사는 증거들이 어떤 것들인지 생각해봐야 한다.

우리가 본 혼은 자아중심의 자리를 만드는 성격의 핵심일 뿐만 아니라 지성과 감정을 포함하고 있다. 지성과 감정들은 아직 새로워지지 않았고 다시 살아난 인간의 영을 통하여 역사하는 성령을 따르는 활동을 충분히 하지 못하고 있다. 이것들이 여전히 "프쉬케"(psuche) 또는 "육신적 혼"의 생명의 영향을 받고 있다. 신자는 갈라디아서 5:19-21에 묘사되어 있는 "육신의 행위들"이 나타나는 것에서 완전히 벗어나야 한다. 따라서 혼적인 그리스도인들은 영을 따라 걸을 지라도, 지성과 감정들이 생명을 주시는 그리스도의 영(고전 15:45와 비교)의 영향을 충분히 받는 것이 아니라 아직도 첫 사람 아담의 생명의 지배를 받고 있는 사람이다. 그렇다. 신자의 지성과 감정들이 여전히 "혼"적일 때 성령님께서는 신자의 영에 거하여 신자가 "몸의 행실에 대하여 죽도록" 하실 수 있다.

지성적인 삶이 어떤 것인지에 대한 질문에 야고보서의 한 구절이 거룩함과 혼적, 즉 본성적인 지혜 사이의 차이를 아주 분명하게 보여주고 있다. 사도는 "위로부터 내려오지" 않는 지혜를 말한다.

첫째, 땅에 속한 것, 둘째, 혼적인 것(psychikos: 미국표준번역본 "본성적인" 또는 "육신적인", 즉 혼에 어울리는 이라고 씀), 셋째, 마귀에게 속한 것이고, 질투와 파벌과 불화와 파당을 짓는다고 쓰고 있다.

반면에 "위로부터" 온 지혜, 즉 인간의 영에 거하시는 하나님의 영으로부터 온 지혜는 순수하고, 평안하고, 부드럽고, 자비로우며 선한 열매들을 특징으로 하고, 그로 인하여 "차별이 없는" 신성한 성격을 나누어 갖는다(약 3:15-17). 순수하고 성스러운 지혜는 혼적인 생명이 가지고 있는 요소, 즉 자기 중심, 자기 중심적인 의견, 자기 중심적인 관점이 없다. 따라서 불화와 질투 대신 평안을 가져온다. 셋째 단어인 "마귀에게 속한" 혼적인 지혜는 다른 것과 관련하여 다룰 것이다.

야고보서에 있는 구절에 비추어 볼 때, 우리는 하나님의 교회 상태를 아주 분명하게 볼 수 있고, 왜 교회가 "분파"로 나뉘는지 그 이유를 알 수 있다. 애석하게도 흔히 질투와 불화를 일으키는 "육신의 행위들"이 하나님을 신뢰하는 사람들의 모임에서 "불화와 파벌과 파당"을 일으키는 원인이 된다(갈 5:19-20). 그러나 하나님을 신뢰하는 교회가 연합하지 못하도록 하는 다른 이유가 있는데, 혼적인 지성이 분열시키는 요인이 된다. 혼적인 "지혜"가 그리스도를 따르는 사람들 가운데 분열을 조장하는 마귀의 세계를 조성하기 위해 신성한 진리들을 조종"하는 것을 볼 수 있다.

펨버는 "지성은 하나님의 영의 인도를 받지 않으면, 잘못을 저지르기 쉬울 뿐만 아니라 모든 선물들 가운데 가장 위험하다"고 말하고 있다. 그리스도인들 가운데 신성한 진리를 파악하고 영적인 진리들을 이해하기 위해 지성을 의지하고 있는 사람들이 있다. 반면에 성경은 "혼적인" 사람-"혼적"인 신자도 포함 된다-은 성령의 것들을 "받을 수" 없다고 선포하고 있다. 성령의 것들은 오직 영적으로 알 수 있기 때문이다. 다시 말하면 흔히 분열과 불화를 일으키는 것은 거룩한 교수들과 선생들 안에 혼적인 요소가 있어서다. "의견이 맞지 않을지라도", 사람들의 마음에는 사랑이 있다. 그럼에도 불구하고 "의견의 차이"는 분열을 가져온다. 신자 안에 있는 혼적인 요소에 작용할 수 있는 마귀의 권세는 항상 합의점을 크게 보지 않고 "진리에 대한 견해"의 차이를 강조하거나 확대시킨다. 심지어 "하나님을 증거"한다는 이름 아래 열렬한 신자들은 "진리"에 대한 견해 때문에 "싸운다." 가슴 아프게도 헌신된 신자들은 무지하여 "영혼 하나를 얻기 위해 바다와 육지"를 두루 다니며(마 23:15) 바리새인들과 똑같이 행하면서, 자신들이 다른 사람들에게 줄 축복을 찾고 있다고 생각한다.

이것 또한 그리스도인들에게 있는 "율법의 막중한 것들은 하지 않고 버려 둔 채, 십일조와 아니스와 쿠민"이라는 단어들과 "진리에 대한 견해"에 대해 사람들의 하찮은 일치를 주장하는 혼적인 요소다. 복음적 섭리에서 율법의 막중한 것들을 하지 않는 것은 그리스도의 법을 실천하지 않는 것이고, "믿음으로 연합"(엡 4:3, 13) 할 때 성장하는 것처럼 신자들 사이에 성령의 연합과 사랑이 없다는 것이다.

요컨데, 악하고 초자연적인 권세의 영향을 받은 혼적인 생명이 하나님을 신뢰하는 사람들, 심지어 진실한 하나님의 자녀들 가운데 분파와 파당을 일으키는 주요 원인이 되고 있다. 유다는 "이들은 자기를 분리시키는 자들이며, 혼의 지배를 받는 사람들…"(19절)이라고 쓰고 있다. "자기를 분리시킨다"는 것은 킹 제임스역본이고 미국표준번역본은 "분리시키게 하다"라고 쓰고 있다. 포세트(Fausset)는 주석서에서 "다른 사람들과 전혀 다르고, 지혜롭고 독자적인 교리를 가진, 즉 더 거룩한 것처럼 스스로 독립하여 오만하다"고 쓰고 있다. 포세트는 또한 이 구절에 있는 "육체적 감각대로"를 "육체적 혼을 따르는"으로 번역하고 있다.

항상 "더 거룩한 것"처럼 "자신"을 분리시키는 것이 혼적인 생명이 가지고 있는 징조다. 주 예수님께서 "사람의 아들로 인하여 사람들이 너희를 미워하며 자기들의 무리에서 따돌리고…"(눅 6:22)라고 말씀하셨기 때문이다. 사도 바울 또한 분리에 대해 "각 사람이 부르심을 받은 것 안에 거하도록 하라", 그 안에 있는 것이 "하나님과 함께 거하는 것"이라고 말하고 있다. 하나님만이 빛의 존재로 나타나 어두움에 거하는 사람들과 빛 가운데 걷는 사람들을 "분리"하실 것이다. 그리고 "어두움" 가운데 걷는 사람은 보통 빛 가운데 거하는 사람을 내쫓거나 또는 빛 가운데로 인도된다. 인간은 성령을 가졌을 때에도 "혼의 지배"를 받을 수 있다. 그리고 이 혼적인 사람들은 항상 어느 정도 본인들이 "혼적"이고 "영적"이지 않다는 것을 증명하는 "분열을 일으켜 분리시킨다."

혼적인 생명의 다른 한 부분은 몸의 감각에서 시작되는 감정이다. 여기서 다시 그리스도인은 혼적인 감정으로 흔들리고, 이 감정적 흔들림을 모두 "영적"이라고 생각할 수 있다. 펨버는 말한다.

> 성경심리학적 지식에 따르면 거룩한 영적 영향이 감각들에 호소하여 움직이도록 할 수 있다는 생각을 일소시킨다.

예배드리는 목적이 많은 교회들에서 감각을 통하여 영에 이르도록 하는 것이고, 심지어 복음이 선포되는 전도 모임도 마찬가지다.

펨버의 말이 이 주제를 더 명확히 한다.

> 최고의 감동으로 사람의 의식을 매혹시킨다 해도, 웅장한 건물과 호화로운 예복과 향기로운 냄새와 함께 아름다운 예식과 매혹적인 음악 등은 오직 혼만 감동시킬 수 있다… [그러나] 우리 영은…감각에서 오는 영향은 받아들이지 않고, 오직 영에서 오는 영향만을 받아들인다.[2]

또한 『세상의 초기 시대』(*Earth's Earliest ages*)라는 책에서 펨버는 하나님의 관점에서 우리 존재의 순서는 영, 혼, 몸이라는 것을 지적하고 있다.

> 하나님의 영향이 영에서 시작하여 감정과 지성을 붙잡아 마침내 몸을 제어하기 때문이다.

사탄의 관점에서 그 순서는 거꾸로다. ① 이 땅의 것, ② 혼적인 것, ③ 마귀의 것[3] 순서다. 사탄의 영향이 흙으로 만들어진 몸으로 들어와서, 혼을 사로잡고, 가능한

---

2) G. H. Pember, *Earth's Earliest ages*
3) "이러한 지혜는 위로부터 내려온 것이 아니요 세상적이요 정욕적이요 마귀적 이니"(약 3:15).

한 영으로 침입할 문을 열려고 하기 때문이다.

이러한 사실에 비추어 볼 때 진실을 말하는 것이 참으로 우울하다. 이 사실이 내적으로 진실한 그리스도인의 삶을 나타내는 표시는 없고 명목상으로 그리스도를 경배하는 사람들로 교회들이 채워지고 있는 이유를 얼마나 분명하게 보여주고 있는가! 바로 이런 예배 자들이 존재한다는 것은 영 안에서 전혀 만족하지 못하고 있는 수 천 가지를 하나님께 무의식적으로 외치고 있다는 것이다. 이것이 하나님께 대하여 만족하지 못하고 있다는 것을 보여주고 있으니 얼마나 슬픈 일인가. 이것은 혼의 지성만 가지고 혼적 생명이 진리라는 글자의 뜻에 대해 지적이고 혼적인 표현으로 충족되기 때문이거나, 또는 오직 그분께 받아들여질 수 있는 영과 진리로 하나님을 진심으로 경배하도록 이끌지 못하는 감미로운 음악과 경건의 시간의 영향으로 마음이 잔잔해지는 감각적인 삶으로 만족하기 때문이다.

이 모든 감동이 경배의 가치를 떨어뜨리고 있지 않은가? 하나님께서는 이것을 용납하지 않으신다. 이것들은

"혼"을 구원할 수 없다! 진리가 강단에서 설파되지 않으면, 사람을 인도하는 길을 성경에서 자기가 읽은 진리 정도밖에 준비하지 못할 것이다. 그리고 의롭게 보이도록 하는 모든 외적인 것들에 가치가 부여되고 이것들을 중요하게 생각할 것이다.

그러나 –이것은 심각하리만큼 위험하다– 소생시키는 능력으로 오직 혼만 침투하고 영에 이르지 못하는 감동은 속이는 것이다. 이것은 "능력은 없고 하나님을 숭배하는 형식"만 있어 예수 그리스도의 영적 영역을 이교도의 철학과 형식의 수준으로 끌어내리는 것이다. 따라서 오순절 초대교회 시대에 잃어버린 세상을 위한 유일한 구원자이신 그분의 아들의 이름을 증언하는 하나님의 전능하신 능력을 분명히 보았던 사람들이 아닌, 단순히 "혼적인 사람"일 뿐인 "종교"인들은 하나님의 아들을 무함마드, 공자와 같은 선상에 두고, 기독교를 세상 "종교들 가운데 하나"로 치부한다.

선교 사역에서도 혼에 있는 감각들과 감정들에 호소하여 앞으로 나아가지 못하는 개심자들이 많은 퍼센트를 차지하고 있다. 혼에 있는 감각들과 감정들에 호소하는 것은 많은 복음 사역에 미미한 영향만 줄 뿐이다. 뿐만 아니라 많은 경우 사역자들이 극심한 피로에 시달려 결국에는 좌절하는 경우도 종종 있다.

> 사적으로나 공적으로 사람들에게 말할 때, 이것은 느낌과 감정과 정력을 고조시키기 위해 자연인이나 혼적인 사람들이 하는 훈련이 아닌가? 그래서 신경을 극도로 소진시키지 않는가? 몸이 닳아서 찢어지거나 지치지 않도록 영이 진리로 되살아나게 할 수 있지 않은가? 아니면 하나님의 진리를 '흥분'하지 않고 말하기 위해, 그리고 하나님이 당신을 통해서라기 보다는 오히려 당신의 간증을 통하여 그분의 능력을 불어 넣도록 하기 위해, 말이 말하는 사람의 입술에서 사람들의 마음으로 들어가지 않는가? 만일 나의 추측이 맞는다면, 이것은 많은 일을 할지라도 훨씬 덜 피곤할 것 같다.

인간은 본성적으로 "열정적인" 혼을 가지고 있다. 이 열정적인 혼으로 다른 사람들의 혼에 있는 감정들을 움직인다. 그러나 이때부터 사람들의 믿음은 하나님의 능력이 아니라 그 사람의 영향이나 지혜에 따라 움직인다.

앤드류 머레이 박사가 교회나 개인이 가장 두려워해야 할 위험은 "혼이 마음과 의지의 능력을 가지고 하는 과도한 행위다"라고 한 말의 의미를 이제 알 수 있을 것 같다. 옛 퀘이커 교도들은 이것을 "피조물의 행위"라고 부르기도 했다. 그리고 이것은 분명히 살아나신 하나님의 아들의 선물로 사람에게 주어진 성령과 함께 협력하기 위해 영을 추구하는 피조물이라기보다 하나님을 경배함에 있어서 이용되는 창조된 존재의 열정이다.

우리는 죽지 않는 혼의 영원한 운명을 논하면서 아직 살아나지 않은 영을 가지고 있는 지적인 사람을 발견한다. 그리고 우리는 다른 사람들의 삶과 판단력에 대해 자신의 의지, 즉 지배하는 강한 의지를 가진 사람도 발견한다! 따라서 담배 피우는 연주회, 음악적 매력, 인기 주제 강연 등등으로 사람들에게 접근하여 하나님께 이끌려는 기술들은 사람들을 도우려는 사람들 안에 있는 "혼"에서 나온 다양한 성과일 뿐이다. 이런 사람들은 개심했을지 모르나, "혼의 지배"를 받고 있다. 그리고 이들은 자신들을 격려하여 그분의 능력으로 사람을 구원하는 하나님의 대사인 영 안에 거하시는 하나님의 영을 알지 못하고 있다.

그러나 훨씬 작은 모임인 개신교 교회의 다른 파가 있다. 내주하시는 하나님의 영을 아는 사람들로 "혼"적인 정도는 훨씬 낮다. 이런 사람들의 종교적 체험은 "영과 혼"이 결합되어 있다. 이들은 자의식 영역에서 지속적으로 하나님의 임재를 느끼지 못하면 만족하지 못한다. 따라서 성령님께서 그들 안에 계신다 해도, 이들은 혼적인 삶의 영역 안에 있다고 할 수 있다. 왜냐하면 이들은 하나님과 함께 행하는 인간의 영적인 삶과 행동들을 이해하지 못하고 있기 때문이다.

"혼"은 지성과 감정들을 포함할 뿐만 아니라 성경에 따르면 혼은 정서적인 기쁨이나 슬픔 등등의 능력이 있는 성격의 자리라는 것을 알 수 있다. 따라서 "내 혼이 심히 슬퍼…"(마 26:38), "내 혼이 주를 크게 높이고"(눅 1:46), "지금 내 혼이 괴로우니…"(요 12:27), "너희는 인내로 너희 혼을 소유하라"(눅 21:19), "…자기의 의로운 혼을 괴롭게 하였느니라"(벧후 2:8), "…불안정한 혼들을 속이니"(벧후 2:14)라고 쓰여 있다. 그러므로 몸의 육체적 성질과 마찬가지로 개인의 독특한 성격이 혼에 존재하는 것이 분명하다. 그리고 그 표현을 이용한다면, 기쁨, 사랑, 슬픔, 인내 등등의 능력이 있는 이런 형태의 혼은 두 번째 아담의 영적 생명에서 혼이라는 그릇에 부어진 영적인 기쁨으로 채워지거나, 아니면 첫 번째 아담의 미천한 생명에서 혼의 그릇으로 옮겨진 혼적인 또는 감각적인 기쁨으로 채워질 것이다. 후자의 경우, 비록 성령님께서 거하신다 해도, 신자는 육체적인 혼의 생명이 혼의 다양한 능력의 영역에서 행하는 만큼 "혼적"이다. 그는 혼적인 기쁨에 집착하여 영적 영역, 즉 하나님을 의식하는 장소가 아니라 자신의 느낌의 영역이나 또는 자의식의 장소에서 살 것이다. 그렇다면, 그는 하나님 의식의 영역, 즉 중생한 인간의 영에만 있는 순수한 영적 "체험"을 구하지 않고 항상 감각적 의식 안에서 영적 "체험"을 추구하는 신자들 가운데 속할 것이다.

악한 영들이 모든 면에서 어떻게 혼적인 삶에 작용하는지 이제 살펴보자.

1. 혼과 어둠의 권세들

> 그러나 너희 마음속에 독한 시기와 다툼이 있으면
> 자랑하지 말며 진리를 거슬러 거짓말하지 말라.
> 이러한 지혜는 위로부터 내려오는 것이 아니요,
> 땅에 속한 것으로 관능적이며[헬라어, 육체적이며]
> 마귀에게 속한 것이니(약 3:14-15, WNT).

우리가 보았듯이 미국표준번역본에 "이 지혜는 위로부터 내려온 지혜가 아니라, 땅에 속하여 감각적[즉 원래문자적 의미의 헬라어 원문은 "혼"과 관련되어 있다]이며, 마귀에 속한 것이다." 이미 이 구절을 참조했음에도 불구하고 이것을 다시 인용하는 것은 결론적으로 마귀의 권세와 육체적 혼적 생명과의 관계를 보여주기 위해서다. 여기에 "육신의 행위들"에 대한 참조구절들이 없지만, 인간의 지성, 즉 "혼"에 대한 참조구절들은 있다. 그리고 위에 인용된 말씀은 악한 영들이 확실하게 인간의 육신적인 본성에 작용할 때 인간의 혼적인 부분에 작용한다는 것을 보여주고 있다.

노골적으로 설명한 이 진리를 아는 것이 놀랍다. 그리고 지식을 얻거나 소유하는 것과 관련하여 질투하고 경쟁하는 모든 적대적인 느낌들은 혼적인 생명에 작용하는 악한 영들이 선동하고 있다는 것을 아는 것도 놀랍다. 포세트가 쓰고 있듯이 악한 영들은 지옥에서 나왔다.

많은 하나님의 자녀들은 이것을 잘 이해하지 못한다. 이들은 엄청난 죄와 "육신적 행위들"이 나타나는 것에 대해서는 사탄의 영향을 인정하나, 현대 문명의 가장 고상한 부분에 대해서는 사탄의 영향을 인정하지 않을 것이다. 하나님께서 보시기에 마음의 생각, 즉 정신적인 개념들까지 "지속적으로 악함으로", 이것의 배후에는 최초의 모든 창조를 죽음과 부패로 몰아넣은 타락에 대한 하나님의 말씀을 깨닫고 싶어 하지 않는 마음이 있다. 따라서 다시 말하지만 이 총체적 부패의 배후에는 지혜를 구하는 길을 통하여 들어온 뱀의 독이 있다.

구원받은 사람이 회복되는 과정에서, 육신적이건 혼적이건 타락한 생명에 있는 어떤 요인이 활동한다는 것은 마귀의 권세가 추구하는 관심 때문이다. 신자가 "영적"으로 성장함에 따라 점점 더 영광의 주님과 실제로 영적으로 연합한다. 따라서 그가 점점 악한 영의 권세에서 자유로워지면서 악한 영들을 인식하여 싸울 수 있게 된다. 그러나 타락은 사탄, 즉 타락한 천사장의 거짓말을 믿은 결과다. 사탄의 유혹이 성공했을 때, 타락한 인간에게 독이 들어와 타락한 인간의 모든 부분에 독이 흐른다는 것을 가장 먼저 분명히 인식해야 한다. 이것이 세 부분으로 구성된 인간의 모든 부분에 사탄이 접근할 수 있는 능력을 주었다.

1) 어둠의 왕자가 지배하는 지옥의 어두운 영의 세계에 하나님에 대하여 죽은 타락한 영이 개방되었다.

2) 지성, 상상력, 사고력, 의지와 애정을 포함하는 혼은 타락하고 오염된 첫 아담의 생명의 지배를 받게 되었다.

3) 따라서 오염시키는 자의 권세에 몸과 혼의 모든 부분이 개방되었다. 결과적으로, 사도 요한은 우둔한 말로 "…온 세상이 사악함 가운데 있다"(요일 5:19).

타락한 사람은 하나님의 아들의 피로 구원받았을 뿐만 아니라, 사실 어둠의 권세에서 하나님의 아들의 왕국으로 옮겨졌다. 인간의 모든 부분이 영에서부터 시작하여 차근차근 죄의 권세와 육체적인 혼의 생명에서 구원받는다. 최초의 창조가 "굉장히 놀랍도록" 만들어졌다면, 사실 궁극적으로 동물적 육체와 혼의 수준으로 떨어진 혼과 몸을 지배하는 영을 갖기 위해 영의 영역으로 다시 올려지는 피조물의 재창조는 오직 삼위일체의 하나님만이 하실 수 있는 놀라운 일이다. 하나님 아버지께서는 아들을 주셨고, 아들은 자신의 생명을 주셨다. 그리고 성령님께서는 삼위일체 하나님의 뜻을 실행시키기 위해 인내와 사랑으로 자신을 주고 계신다.

인간이 속박에서 구원되는 모든 단계에서 어둠의 왕자가 반항하는 것은 쉽게 이해할 수 있다. 그리고 어둠의 왕자에게 개방되어 있는 타락한 피조물에게 있는 모든 요소들을 우리는 분명히 알아야 한다. 어둠의 왕자가 중생하지 못한 사람을 완전히 지배하는 것을 사도는 에베소서 2:2-3에서 "육의 소욕과 생각의 욕망"을 쫓는 "진노의 자녀들"(즉 혼적인 삶)은 완전히 어둠의 왕자의 지배를 받는다고 분명히 말하고 있다. 인간의 영이 생명 속에서 살아나 죄의 권세에서 구원받을 때, 혼적인 삶과 육체적 몸에 있는 요소들은 아직도 마귀의 권세에게 개방되어 있다.

여기서 예를 들어 보겠다.

(1) 혼적인 삶

혼적인 삶에서 악한 영들이 자신들의 계획을 이루기 위해 혼적인 지혜를 이용할 때, 이것이 "지배하게" 된다, 예를 들어 사탄은 정신적 편견이나 그 사람이 알지 못하지만 이미 가지고 있는 생각들을 자극할 수 있다. 그래서 중요한 하나님의 영의 역사를 헛되이 할 수 있는 순간에 이것을 이용한다. 영과 마음이 하나님께 진실할 때, 신자의 마음을 통한 적의 이 역사가 오늘날 하나님의 교회에서 일어나고 있는 가장 심각한 일이다. 왜냐하면 선한 사람들의 다양한 "생각"들을 통하여 때로 세상의 불신자들과 미워하는 자들을 통하여 하는 것 이상으로 성령 하나님께서 방해를 받기 때문이다. 다시 말하면 감정적인 혼의 영역에서 적은 본성적인 생명을 심히 자극하여 하나님의 영의 깊은 역사가 소멸되거나 또는 저지당하여 그분의 음성을 듣지 못하도록 하기 때문이다.

(2) 마귀의 작용

마귀는 몸에 있는 신경조직에 작용할 수 있다. 그리고 마귀는 "육신의 행위들"과 일반적으로 죄라 불리는 것과 악한 권세에 개방되어있는 많은 요소들과 선천적으로 타고난 모든 인간의 육체적 매력을 이용할 수 있다.

이 요소들은 바로 그릇인 인간의 몸의 틀 안에 담겨있다. 신자는 자신의 복잡한 존재를 비추는 하나님의 빛을 민감하게 찾아야 한다. 신자는 이 빛을 통하여 자신을 이해할 수 있고, 마귀로부터 보호해 주는 살아나신 주님께 겸손히 의지하여 걷고 행동하는 방법을 알 수 있다. 신자가 예수님의 피를 향하고 말씀에 절대적으로 순종할 때에만 주님의 보호는 작용할 수 있다. 이것은 악한 영들에게 공격하도록 기회를 주거나 또는 몸과 마음에 영향을 미치도록 허용했을지도 모르는 영역에 빛을 비추어줄 모든 진리에 자신을 개방하도록 한다.

어둠의 권세는 육체적인 기능이나 골격의[4] 기질이나 혼란을 이용하여 "자연스럽게" 작용하거나 또는 "자연스런" 상태로 가장할 정도로 빈틈없이 교묘하기 때문이다. 또한 어둠의 권세는 자기들이 일으킨 일에 대하여 "변명"하거나 또는 은폐하기 위하여 육체적 또는 정신적 질병을 주시한다.[5]

---

4) 즉, 공격은 자연과 육체적 영역에서 일어날 것이고 자원의 영역에서 일어나지 않는다.
5) 이 진리의 관점을 완전히 이해하기 위해서는 하나님의 자녀들을 속이는 영들의 작용에 대한 교과서인 『성도들의 전쟁』(*War on the Saints*)을 보라.

Soul and Spirit
영과 혼

제4장

"영"과 "혼"이 어떻게 나누어지는가

> 하나님의 말씀은 살아있고 권능이 있으며 양날 달린 어떤 검보다도 예리하여 혼과 영과 및 관절과 골수를 찔러 둘로 나누기까지 하고 또 마음의 생각과 의도를 분별하는 분이시니…(히 4:12).

히브리서 4:12에 있는 이 놀라운 구절은 신자가 진정 "영으로 하나님을 따라"(벧전 4:6) 사는 "영적인" 사람이 되도록 하기 위하여 영과 혼의 차이, 즉 영과 혼을 "구분"해야 할 필요성과 구분하는 방법을 분명히 말하고 있다. 이 구절과 관련하여 펨버는 다음과 같이 주장하고 있다. 이 구절에서 사도는 "하나님의 말씀을 구분하는 능력을 가지고 주장하고 있다. 말하자면, 제사장이 희생 제물로 바칠 동물을 갈래갈래 나누어 껍질을 벗기듯이 인간의 전 존재를 영적, 정신적(혼적), 그리고 육체적으로 나누고 있다…"고 지적하고 있다.

포세트는 설명한다.

> 하나님의 말씀은 '살아있다.' (헬라어로) 강력하게 효과적인' 능력이 있다. 인간의 고상한 부분인 영에서 육신적 혼을 분리할 수 있는 '능력이 있고' '사람 안에서 세속적이고 육체적인 것과 영적인 것, 즉 혼에서 영을 분별하는…관절과 골수를 나누고 영과 혼을 나누기까지 찌른다'고 쓰고 있다. '하나님의 말씀은 긴밀하게 연결된 인간의 비물질적인 부분인 영과 혼을 구분하고 있다…' 이것은 문자 그대로 관절들을 나누고 제사장의 칼로 골수를 (열기 위해) 찌르는 것에서 온 이미지다.

시사하는 바가 있고 가르침으로 가득한 이 말씀은 신성한 영에서 자유롭게 행하시는 하나님의 영 대신 혼의 삶에 지배당하는 위험에 노출되어 있는 신자에게 꼭 맞는 구절이다.

영적인 사람이 되고자 하는 신자를 향해 이내 일어나는 의구심은 "나는 무엇을 하는 사람인가? 나의 발걸음과 예배가 혼적이라는 것을 어떻게 알 수 있는가?"이다. 우리가 관심을 가지고 있는 이 주제는 "천국으로 가신" 대제사장에게 우리 자신을 양보해야 한다는 것이다.

> 대제사장이신 그분 앞에 드러나지 아니하는
> 피조물이 하나도 없고
> 모든 것이 벌거벗은 채 드러나 있다(히 4:13).

그분은 제사장으로서의 임무를 수행하시며 "마음의 생각과 의도"까지 알 수 있는 분이시다. 그분은 우리 안에 있는 영과 혼을 구분하기 위해 날카로운 양날을 가진 말씀의 칼을 휘두르실 것이다. "'생각'에 대한 헬라어는 마음과 느낌을 말하고, 오히려 '정신적 개념'이라는 말이 더 정확한 '의도'는 지성을 말한다"고 포세트는 자신의 주석서에서 말하고 있다.

"긍휼이 많으시고 신실하신 대제사장"(히 2:17), 우리의 육체적, 도덕적으로 연약한 감정을 몸소 느끼시고 공감하실 수 있는(히 4:15) 대제사장, 그리고 스스로 인간이 되신 대제사장은 희생의 칼을 취하여 생각과 감정, 지성과 정신적 관점까지도 찔러서 혼적인 삶을 인내로 "구분"하실 수 있는 유일한 분이시다. 이것이 이루어지면 얼마나 좋을까! 어떻게 성령님이 거하시는 영이 모든 생각을 붙잡아 그리스도께 순종할 수 있도록 "관절과 골수"를 찌르는 육체적, 혼적 삶의 자취를 찾아서 제거할 수 있을까? 우리의 대제사장께서는 하나님의 영으로 그분의 살아있는 말씀의 칼을 휘두르기 위해 그분을 신뢰하고 그분의 손에 자신을 맡기는 모든 사람들 안에서 재판에 승리하시어 패하지도 낙담하지도 않으실 것이다.

그러나 이 단계들은 어떠한가? 인간의 입장은 어떠한가? 신자는 이 거대하고 미묘한 일에 대하여 대제사장과 어떻게 협력할 것인가?

(1) 자아 포기

완전히 의지적으로 위탁하기로 동의하여 십자가의 재

단 위에 놓인 화재 재물로서 자신의 모든 것을 분명히 포기함으로, 대제사장 예수 그리스도는 그분의 영으로 전 존재를 그분의 죽음과 일치하도록 하셨다(빌 3:10). 즉 육체적, 혼적 삶이 "영"에서 "분리"되어 하나님의 영이 그의 깨끗한 영에 자유로이 흘러들어가고 흘러나오는 그릇이 될 때까지 그분은 결코 손을 거두지 않으신다.

(2) 절대적 순종

혼적인 삶을 사는 모든 사람들8에게 적용될 하나님의 예리한 칼날의 말씀에 따라 성경말씀을 살피며 지속적이고 끈기 있게 그리고 조심스럽게 기도함으로, 신자는 베드로전서 1:22, "너희가 진리에 순종함으로 너희 혼을 깨끗하게 하여…"라는 말씀에 따라 주어진 빛에 합당하게 말씀에 절대적으로 순종해야 한다.

(3) 십자가 승리

하나님의 영께서 혼과 영을 분리하는 일을 세심하게 하셔서 영을 따라 걷는 방법을 가르치시는 동안, 인생을 살면서 직면하는 상황 가운데 매일 십자가를 짐으로, 신자가 죄와 "육의 역사"에서 완전히 승리하도록 해야 한다.

자신 안에서 역사하는 칼인 그분의 말씀의 검을 이용하여 천국의 대제사장을 신뢰하고 제단(십자가) 위에 자신을 내려놓는 사람들 안에서 영과 혼이 분리되도록 하는 것을 우리는 주 예수님께서 사람으로서 이 땅에서 걸으실 때 제자들에게 주셨던 십자가의 소명으로 볼 수 있다.

1. 십자가와 혼의 애착

> 또 자기 십자가를 지고
> 내 뒤를 따르지 아니하는 자도
> 내게 합당하지 아니하니라.
> 자기 생명을 찾는 자는 잃을 것이요,
> 나로 인하여 자기 생명을 잃는 자는 찾으리라
> (마 10:38-39).

이 구절은 주님께서 열두 제자들을 그분의 이름으로

보내실 때 그들을 보호하는 차원에서 한 말씀이라는 것이 나타나 있다. 그분은 제자들에게 그리스도의 요구와 가족의 요구가 일치하지 않을 때, "자신의 가족이 적이 될 것"이라는 것을 경고하시고, 십자가의 길에서 먼저 그분을 따르는 것이 가족의 삶에서 "무기"가 될 것이라는 것을 보여주고 있다. 혼적인 것과 영적인 것을 나누는 "검"은 일반적으로 사랑하는 사람의 뜻과 하나님의 뜻을 아는 것 사이의 충돌에서 온다. 이 충돌은 신자가 "자기의 십자가를 지도록" 강요한다. 즉 아버지나 어머니 또는 "자신의 가족들"과 "불화"를 일으키더라도 십자가에 죽기까지[1] 나아가서 주님을 따라야 한다.

예수님도 그렇게 하셨다. 그분이 아버지 일에 온 마음을 기울이는 것을 보고 사람들이 그분을 "제정신이 아니라고" 판단했을 때, "네 아버지와 네 어머니를 공경하라"고 말씀하셨던 그분께서 "누가 나의 어머니이고 나

---

1) "우리는 어떤 면에서 시련 당할 준비가 되어 있는 것처럼 너무 '자기 십자가 를 져야 한다'는 표현에 익숙해 있어서…여기서 십자가에 못 박히기까지 나아가도록 준비되어야 한다는 중요하고 적합한 인식을 하지 못할 수 있다"-포세트.

의 형제냐?"고 말씀하셔야 했다. 이런 식으로 십자가를 지는 것과 가족들의 요청에 앞서 그리스도께 순종할 것을 선택하는 것은 검으로 혼을 찌르는 것과 같은 고통을 의미한다. 바로 이 진리의 영향으로 혼의 삶은 "사라지고", 그 영향으로 인하여 깨끗해진 "혼"이라는 그릇은 성령에 의해 하나님의 사랑이 내면으로 흐를 수 있도록 열리게 된다. 신자는 더 이상 자신을 위해서가 아니라 하나님을 위하여 하나님 안에서 하나님을 통하여 사랑하는 사람들을 사랑하게 된다.

미천한 삶은 고상한 삶으로 변화된다. 즉 "혼"에 있는 성품과 능력이 똑같은 "혼"이지만 이제 첫 아담의 육체적 혼적 삶에 의해서가 아니라 마지막 아담, 그리스도의 영에 의해 영의 지배를 받는다(고전 15:45-48과 비교하라).

혼의 영향과 관련하여 십자가의 검의 영향이 누가복음에 더 분명하게 정의되어 있다. 주님께서는 "미워하다"는 단어를 쓰시며 "내게 오는 자가 자기 부모나 아내나 자녀나 형제나 자매나 참으로 자기 생명까지도 미워하지 아니하면 능히 내 제자가 되지 못하고"(눅 14:26)라고 말씀하시고 있다. 여기서 "생명"이라는 단어는 "프쉬케"(psuche), 즉 육체적이거나 혼적인 삶이다. 마태는 "나보다 더 사랑하다"는 말에서 먼저 하나님을 선택할지 아니면 사랑하는 사람을 선택할 것인지에 대한 우리의 의지를 시험했다. 그러나 누가는 혼적인 삶의 영향이 스며있는, 즉 깨끗하도록 하기 위하여 필요한 태도에 그리스도께 온전히 헌신하여 따르는 태도를 설명하는 주님께서 사용하신 그 언어를 쓰고 있다. 이런 신자는 가족 관계에 침투한 "자신의 삶"(프쉬케)을 "미워해야" 한다고 기록하고 있다. 이렇게 하기 위해 그는 "영"에서 "혼"을 분리해야 하고 혼적인 삶을 "미워"하고 "버려야" 인간의 형체를 입고 오신 그분의 아들을 통하여 하나님 그분에 의해 기름 부어지고 존경 받는 고상하고 깨끗한 그리스도의 사랑이 가까운 가족관계에 퍼지는 삶을 이 세상에서 찾을 것이다.

2. 십자가와 혼적인 이기주의

> 누구든지 나를 따라오려거든 자기를 부인하고
> 자기 십자가를 지고 나를 따를 것이니라.
> 이는 누구든지 자기 생명을 구원하고자 하면
> 잃을 것이요,
> 누구든지 나로 인하여 자기 생명을 잃고자 하면
> 찾을 것임이라(마 16:24-25).

마태는 나중에 다시 주님께서 하신 말씀과 유사한 말을 기록하고 있다. 그러나 이번에 하신 이 말씀은 그분의 십자가와 관련하여 예수님께 하는 베드로의 말로 그려지고 있다. 베드로는 "자신을 불쌍히 여기라"고 말했지만, 주님께서는 그분을 따르는 길은 "자신을 부인하는 것"을 의미한다고 대답하시고 있다. 여기서는 간단히 자기연민, 이기주의, 위축 등 어떤 형태로건 자아 중심적일 때, "자신"이라는 단어에 요약되어 있는 혼적인 삶이다. 이것은 사람이 다른 사람들을 위해 죽기까지 자신의 "혼"을 퍼붓는 신성한 능력을 향해 가기보다는 "자신의 삶을 구원"하려는 모든 것이다.

그리스도를 위하여 십자가를 향해 가기를 선택하는 것은 세상을 축복하기 위해 혼의 그릇을 통해 쏟아 부어지고 "발견" 되는 희생의 능력에서 그리스도의 깨끗하고 신성한 삶을 갖기 위해 육체적, 혼적 삶을 "버리는 것"을 의미한다.

전도자 마가는 마태복음(막 8:34-36)에 있는 말들을 반복하고 있다. 누가도 "매일"이라는 단어를 덧붙여 같은 말을 하고 있다. 혼적인 삶의 희생과 관련하여 십자가는 일상에서 선택이 필요하다. 이것은 로마서 6장과 다른 서신서들에서 언급된 십자가의 관점과 비교하여 뚜렷한 차이를 보이고 있다. 로마서 6장과 다른 서신서들에서 옛 피조물의 십자가의 죽음으로 인하여 신자가 "실제로 예수 그리스도 안에서 죄에 대하여 죽고 하나님께 대하여 살아났다고 여김"으로 완성된 사실로 이해되고 있다.

3. 십자가와 세상적인 것들에 대한 혼적인 집착

> 롯의 아내를 기억하라.
> 누구든지 자기 생명을 구원 하고자 하는 자는
> 잃을 것이요,
> 누구든지 자기 생명을 잃는 자는 보존하리라
> (눅 17:32-33).

여기서 우리는 다시 이기주의, 타고난 자기 보호 본능, 이 땅의 소유물에 대한 이기적인 탐욕 등과 관련하여 주님께서 반복적으로 강조하시는 동일한 말씀을 찾을 수 있다. 주 예수님께서 사람이 재물을 잃지 않고 보존하기 위하여 위험시에 등을 돌리는 혼적인 삶이 나타내는 타고난 경향을 지적하실 때 "롯의 아내를 기억하라"고 말씀하시고 있다.

고상한 영적인 삶을 살 수 있는 방법은 "얻기" 위해 "잃는 것"이다. 혼적인 삶은 이 땅의 보물을 추구한다. 그러나 이것들은 버려져야 할 것들이다. 그리고 이와 관련하여 "영과 혼을 구별하는 것"은 인생을 변화시킬 시련이 올 때, 신자의 태도에 다시 나타날 것이다. 시련의 때에 "너희 재산을 노략 당하는 것도 기쁘게 여겼음이라"(히 10:34)는 말씀이 있다. "소유물"에 대한 이런 태도는 때로 희생적인 삶보다 더 위대한 신성한 은혜의 표현이다.

땅의 것들에 집착하는 타고난 혼적인 삶을 포기하는 것이 그리스도의 영적인 삶을 "얻기" 위하여 필요하다. 그리스도의 영적인 삶이란 혼의 그릇에 영(하나님 자각의 자리로서)을 부어 넣는 것으로, 이것은 하나님 안에 있는 충만을 확신하도록 한다. 모든 사람에게 오는 시련의 때를 대비하여 이 땅의 보물들을 가볍게 여기고 쉽게 버릴 수 있도록 하는 것이다.

하나님의 왕국을 무시하는 "집"과 "재물"에 대한 하나님의 자녀들의 적절치 못한 몰두는 영적인 삶이 아니라 분명 "혼"적인 삶이다. 그리고 이 땅에 필요한 일들에 집착하거나 또는 점령당하는 것은 "영과 혼을 구별하는" 대제사장의 검이 필요하다. 그래서 그분의 피로 산 사람들에 대한 애정이 "이는 너희가 죽었고 너희 생명이 그리스도와 함께 하나님 안에 감추어졌기 때문이라"
(골 3:1-3)는 말씀을 성취하는 위에 것들에 마음을 두도록
할 것이다.

4. 십자가와 혼적인 자기 사랑

> 자기 생명을 사랑하는 자는 잃을 것이요,
> 이 세상에서 자기 생명을 미워하는 자는
> 영생에 이르도록 그것을 보전하리라(요 12:25).

여기서 아주 분명하게 정의된 혼적인 삶과 고상한 영적인 삶을 대조하고 있다. 고상한 영적인 삶은 혼, 즉 성품을 통하여 나타난다. 혼적인 삶은 이제 자아사랑으로 요약된다. "자신의 혼을 사랑하는" 사람이다. 자신의 혼을 사랑한다는 것은 간단히 자기 자신을 사랑한다는 의미다. 우리는 가족의 애정에 감동되는 혼적인 삶을 알아보았다. 그리고 자기연민, 자기보호, 이 땅의 재물에 대

한 집착으로 나타나는 혼적인 삶을 알아보았다. 간략하게 표현하자면 이것은 모든 것을 통하여 "나의 가족, 나 자신, 나의 재물"로 요약된다.

전문가는 이 모든 것을 상실해야한다고 말하고 있다. 즉 영원히 잃어버리는 것을 의미한다고 말하고 있다. 이 모든 것은 혼의 성품을 통하여 표현된 첫 사람 아담으로부터 유래한 생명에서 왔고, "혼"이 영의 지배를 받지 못하도록 하여 천국에서 오신 주님, 즉 마지막 아담의 깨끗하고 신성한 생명을 표현하지 못하도록 하기 때문이다.

이것을 지속하는 것이 "죄"인가? 그렇다. **빛이 오매 우리가 진리를 알지니**…비록 알지 못하는 죄일지라도 깊은 의미에서 이것 역시 죄다. 첫 사람 아담, 즉 "자연인"의 모든 생명이 죄로 타락했기 때문이다. 그리고 로마서 6장에서 설명하고 있듯이 "죄에 대하여 죽었다"고 깨달은 사람들 안에서도 그리고 "육체적인 일들"이 나타나는 "육을 따라 걷기"를 중지하는 상황에서도, 이것은 영향을 미칠 수 있는 영역을 뚫고 들어가서 자아 사랑, 자기 연민, 자기 집착과 그 외의 자기중심적인 양상들을 나타낸다. 지성, 감정, 영향 등을 통하여 작용하기 때문에 잘 인식할 수 없다 할지라도, 이것은 **죄**라고 해야 한다.

5. 자유에 이르는 통로

> 이는 그리스도의 사랑이
> 우리를 강권하시기 때문이라.
> 우리가 이같이 판단하건대
> 한 사람이 모든 사람을 위하여 죽었으면
> 모든 사람이 죽은 것이라.
> 그분께서 모든 사람을 위하여 죽으신 것은
> 살아있는 자들로 하여금 이제부터는
> 자기를 위하여 살지 아니하고
> 오직 자기를 위하여 죽었다가
> 다시 일어나신 분을 위하여 살게 하려 함이라
> (고후 5:14-15).

영과 혼을 구별하는 일은 인간의 비물질적 존재인 마음 속 깊은 곳을 찌르는 살아있는 활동적인 "검"인 하나님 말씀을 이용하는 그분의 영을 통하여 그분이 완성하셨다.

그러나 **인간 자신도 해야 할 역할이 있다**. 하나님의 영께서는 신자의 동의와 협력 없이는 일을 수행하실 수 없다. 간단히 요약하자면, 인간 편에서 다음과 같이 협력해야 한다.

1) 영과 혼 구분

신자는 영과 혼을 구분하는 것을 알아야 할 필요가 있다. 그리고 희생 제물이 제단에 놓일 때, 이루어진 그 일에 대하여 확실히 동의한 것도 알아야 한다.

2) 하나님 편

신자의 의지는 상황 가운데에서 구별을 해야 할 때 "구별"하는 경험을 통하여 지속적으로 하나님의 편에 서있어야 한다.

3) 명령의 수행

로마서 6:1-14에서 설명하고 있듯이 십자가의 기본이 꾸준히 유지되어야 한다. 신자가 자신이 "실제로 죄에 대하여 죽은 것"(롬 6:11)으로 여기고, 자신의 죽을 몸 안에서 "죄가 군림하지" 못하도록 하라는 명령을 극적으로 수행해야 한다. 그렇게 할 때 "애착과 정욕"을 십자가에 못 박은 "육"(갈 5:24)을 발견하게 된다. 그래서 그는 이제 자신이 실제로 혼적인 삶, 즉 지나친 자아사랑, 자기연민 등과 같은 악한 "자기" 상태에 대하여 죽었다고 여겨야 한다.

4) 믿음의 실현

이런 상태를 실현한 신자는 이제 자신의 빛, 목적, 그리고 믿음을 실천해야 하고, 의지적으로 혼적인 삶이 강요하는 모든 것을 거부하고 자신의 영에 계신 그리스도의 고상한 생명에 자신을 개방하기를 선택함으로, 하나님의 영이 보여주신 모든 것을 꾸준히 신실하게 지켜야 한다.

5) 영의 법 이해

신자는 모든 일에서 "영을 따라 걷기"를 추구해야 한다. 영적인 것을 따르고 혼적인 것을 거부하기 위하여 영적인 것과 혼적인 것을 분별해야 한다. 실제로 율법을 따르기 위하여 "영적인" 사람이 되어 영의 법을 이해해야 한다.

신자가 이 조건들을 구비할 때, 진실로 새로운 사람이 된다. 성령의 검으로 십자가의 능력이 영과 혼을 구별하도록 찌름으로 천국의 대제사장의 손에서 교묘하게 쓰임 받는다. 십자가의 능력은 관절과 골수, 활동의 자원인 혼의 깊은 곳과 이것을 작용하게 하는 바로 그 골수에 까지 이르는 혼적인 삶을 추적한다. 그렇다, 십자가의 능력은 마음과 감정과 정신적 능력인 바로 그 생각에 있는 혼적인 삶을 분별한다.

이제 신자는 말씀에 따라 더 즐겁고 가벼운 걸음을 걸을 수 있다. 그리고 신자는 하나님의 섭리로 매일 자신이 감당해야 할 "십자가"를 짊어지게 된다. 십자가 위에서 그리스도와 함께 자신이 죽었다는 사실에 대한 비젼을 더욱 분명하게 이해함으로, 신자의 영은 더욱 더 혼을 구별하고, 생명을 주는 영인 살아나신 주님과 본질적으로 연합되었다는 것을 알게 된다. 그래서 그는 필요가 충족되어야 할 세상에 그리스도의 영이 흘러가는 통로가 되는 자신의 인간적 영이 그분과 연합되어 "한 영"이 되었다.

제5장

영적인 그리스도인

오직 영[pneumatikos]에 속한 사람은
모든 것을 판단하나 그 자신은 아무에게도
판단을 받지 아니하느니라(고전 2:15).

화평의 그 하나님께서 친히 너희를 온전하게
거룩히 구별하시는도다.
그런즉 내가 하나님께 기도하여
너희의 온 영[pneuma]**과 혼**[psuche]**과 몸**[soma]을
우리 주 예수 그리스도께서 오실 때까지 흠 없이
보존해 주시기를 구하노라(살전 5:23).

데살로니가전서의 이 구절에 대해 이미 관찰했듯이 우리는 영어로 분명히 인간의 세 부분의 특성을 밝히고 있는 오직 두 구절 가운데 한 구절을 여기에 제시하고

있다. 또한 당연히 원래의 순서대로 설명하고 있다. 하나님의 자녀들은 "몸과 혼과 영이 깨끗해졌다"는 것을 기도할 때, 데살로니가전서의 이 구절을 인용한다. 그런데 하나님의 많은 자녀들이 그 순서를 매우 자주 바꾸고 있다. 그런데 이것은 무의식적으로 마음이 타락한 피조물의 진정한 상태를 설명하고 있다는 것을 보여 준다. 신자가 하나님의 영으로 깨닫고, 그 사람의 영이 자신의 모든 행위들과 마찬가지로 통제할 수 있는 곳인 생각으로 돌아오게 된다.

데살로니가인들을 위한 기도에서 사도는 골로새에 있는 모든 교인들이 그리스도 안에서 "완벽"하고 "완전한 자"가 되도록 하기 위해 수고했다고 쓰고 있듯이 "영적인 삶을 사는" 신자의 그림을 포괄적으로 보여주고 있다. 그는 사람들이 회심 하는 것만큼 전체적으로 깨끗해져야 할 것을 기도해야 하기 때문이다. 그는 "완전한 자"라는 단어를 "성숙함에 있어서 완숙에 이르기까지 성장"하는 의미로 사용했다.[1] "내가 하나님께 기도하여 너희의 온 영과 혼과 몸을 흠 없이 보존해주시기를 구하노라." "흠 없이 보존"되면 "전체적으로 깨끗하게" 된다. 이것은 간략하게 다음과 같은 의미이다.

1) 영에 대하여 말하자

하나님은 인간의 성스러운 영을 그분께서 거하시는 곳으로 회복시키시고 아들의 속죄를 통하여 성령에 의해 먼저 영을 살아나게 하신 영이신 삼위일체이시다.

2) 혼에 관하여 말하자

영에 거하시는 삼위일체의 하나님께서 혼, 또는 성격을 통하여 그분을 현시하신다. 혼은 ① 하나님의 뜻과 포괄적으로 하나가 된 의지, ② 성령에 의해 새로워지고 교화된 지성, ③ 같은 성령에 의해 인도되어 인간의 완벽한 통제 아래에 있는 감정들로 구성된다.

---

[1] 골로새서 1:28-29. 카니베어(Conybeare)의 노트를 보라.

3) 몸에 관하여 말하자

삼위일체의 하나님께서 영에 거하시고, 그분을 혼이라는 수단을 통하여 현시하시고, "의의 도구"(롬 6:13)로서 모든 지체를 순종하게 함으로 완벽한 지배아래 몸을 제어한다(고전 9:27). 따라서 겉사람-몸-을 참으로 성령의 전으로 만든다(고전 6:19).

이것이 그 존재의 핵심적인 곳에 평안의 하나님께서 거하심으로 흠 없는 정도가 아니라, 영과 혼과 몸이 "완전하고, 흠 없이 보존"되어야만 하고 전체적으로 깨끗하게 된 "완전한 성숙"에까지 성장한 "영적인" 신자다.

1. 혼적인 사람이 어떻게 영적으로 될 수 있는가

그러나 신자가 실제로 "영적"인 사람이 되기 위하여 어떻게 "혼적"인 단계를 통과할 수 있을 것인지 질문할 것이다. "'영적인 사람'은 그 안에서 영이 지배함으로 같은 사람들 보다 고상하게 구별된 사람이다"라고 포세트는 쓰고 있다. "영이 지배하는 것"은 단순히 세속적인 사람, 또는 혼적인 사람을 하나님의 영이 지배한다는 것을 의미하는 것이 아니라, 살아난 영이 혼과 몸보다 더 강하게 된다는 것을 의미한다. 이것은 에베소 교인들을 위한 사도 바울의 기도에 속사람, 즉 다시 살아난 인간의 영(Moule 주교)이 그분의 영의 능력으로 "강하게" 되기를 구함에 따라 하나님의 영이 거하심으로 강하게 되어 다스리도록 하기 위함이다.

"영적인 사람"은 "영을 따라 걷는" 사람이고 영에 마음을 쓰는 사람이다. 따라서 영적인 사람은 두 번째 아담의 생명을 주는 영이 몸의 지체들을 살리고(롬 8:11), 이 지체들을 통하여 그분의 가장 고상하고 충만한 뜻을 나타내는 혼의 기능들, 즉 마음, 상상력, 이성, 판단력에 자유롭게 그리고 충만하게 생기를 줄 수 있는 성령님과 협력한다.

히브리서 4:12에 "영"과 "혼"이 구분되어 설명되어 있듯이, 이 일이 일어나도록 하기 위하여 신자는 하나님께서 다루시는 부정적인 면을 파악해야 한다. 또한 데살로니가전서 5:23에 묘사되어 있는 소유물을 취하고 영을 통하여 일하고 혼과 몸이 적합한 기능들을 수행하는 것을 살펴 전인을 "깨끗하게" 하시는 평화의 하나님을 보여주는 긍정적인 면도 이해해야 한다.

"주님과 연합한 자는 한 영이다"(고전 6:17). "너희도 그리스도의 몸으로 말미암아 율법에 대하여 죽게 되었으니 이것은 너희로 하여금 다른 이 곧 죽은 자들로부터 일으킴을 받으신 이와 결혼하게 하려 하심이요"(롬 7:4)라고 사도는 쓰고 있다. 여기 영적으로 그리스도와 함께 연합 또는 "결혼"한 것을 분명하게 설명하고 있다. 이것이 십자가의 역사의 목적이고 결과다. 다시 살아나셔서 승천하신 주님과의 이 연합은 오직 영에서만 가능하다. 그리고 **신자의 영이 덮여 있는 혼에서 분리됨에 따라 경험을 통하여 깨닫게 된다.** 스톡메이어(Stockmayer)가 관찰했듯이, 살아나신 주님께서는 혼적인 신부의 말을 들으실 수 없다. 사람의 성격인 혼은 신자의 영과 연합하여 "하나님께 대한 열매"를 맺음으로 그분의 생명을 나타낼 수 있는 그릇일 뿐이기 때문이다.

따라서 "영적"인 사람은 하나님의 말씀으로 영과 혼을 구분하여 혼의 덫에서 **벗어나 자유로운 영** 안에서 하나가 된다. 브롬리(Bromley)가 (1774년에 쓴 책에서) 말했듯이 또는 혼의 "지배"에서 깨어나 핵심적인 연합, 즉 영 대 영(spirit with spirit)-한 영(one spirit)-이 되어 주님과 결혼했다. 그래서 혼과 몸은 신자를 통하여 주님 그분의 사랑과 생명과 뜻을 표현하는 도구로서 섬길 것이다.

이것에 빛을 비추는 갈라디아서 5:18-24에 묘사되어 있는 "육신"적인 "행위들"과 "성령의 열매"와의 대조는 매우 충격적이다. "육"은 일을 하여, 외적으로 혐오스런 결과를 가져온다. 반면에 로마서 6장의 육을 십자가에 못 박은 갈보리의 측면과 하나님 말씀으로 영과 혼을 분리하는 것을 아는 사람에게 있어서, 주님과 연합된 영은 혼(성격) 안에서 그리고 혼을 통하여 나타나는 사랑과 희락과 화평과 오래 참음과 자비와 양선과 충성과 온유와 절제와 같이 자연스럽게 나타나는 다양한 **열매**를 맺는다.

성령의 열매들 가운데 하나인 "절제"는 하나님의 영

이 통제수단으로서 인간의 "자아"-성격이나 "혼"-을 이용하는 것을 보여주고 있다. 자아-혼-을 의미하고 있는 성격은 따라서 파괴되거나 또는 억압되는 것이 아니라, 내주하시는 그리스도의 영을 표현하는 도구가 될 때 고상하게 된다. 간단히 말해서 "사랑과 기쁨과 화평"으로 나타나는 "성령의 열매"는 "혼"을 통하여 나타나지만, 혼적인 삶에서 유래하는 것이 아니라 인간의 영에 있는 성령으로부터 나온다는 것을 의미한다.

우리는 "영의 열정"(롬 12:11), 영의 목표(행 19:21), 믿음의 영(고후 4:13), 영에 있는 사랑(골 1:8)에 관하여 읽는다. 이 모든 영적 행위들은 마음을 통한 "지혜", 의지를 통한 "목적", 애정적인 면을 통한 "사랑", 감정적 센스를 통한 "기쁨" 등 인간의 혼-성격-을 통하여 나타나고 있다. 이것들은 단순히 감각을 통하여 생기는 것이 아니라 영의 영원한 깊이에서 발생한다.

2. 영적인 삶의 법규들

이 단계에서 신자는 영적인 법규들과 영을 따라 걷는 방법을 아는 것이 정말 중요하다. 이것은 신자가 성령과 협력하는 것을 실패하지 않도록 하고, 가짜를 파악하지 못하는 혼의 영역에서 진정한 영적인 삶을 사는 것처럼 위장하여 신자를 유혹하는 사탄의 속이는 영들에게 기회를 주지 않기 위한 것이다. 악한 영들의 목적은 신자가 다시 무의식적으로 혼의 영역에서 걷도록 이끌기 위한 것이기 때문이다. 혼과 영을 "구별"하거나 또는 혼에서 영을 "자유"롭게 한 영적인 사람은 혼이나 몸의 지배를 받는 것이 아니라 영의 지배를 받거나 또는 영을 따라 걷는 사람이다. 그러나 신자가 영적인 법규들을 무시하여 영이 다스리도록 하지 못하면, 다시 혼적인 삶에 얽매이게 된다는 것을 의미한다. 신자는 자신의 경험을 통하여 영에서 온 것, 혼에서 온 것, 몸에서 온 것을 명확하게 분별하는 방법과 자신의 영을 자유롭게 하고 하나님의 영께 자신의 영을 개방하는 방법을 알고 있어야 한다. 그리고 성령과 협력하기 위해 지속적으로 어떤 영적 상태를 유지해야 하는지 알고 있어야 한다. 신자는 자신의 영이 하나님과 교제하지 못하도록 방해하거나 또는 영이 수동적이 되도록 하여 영적인 행동을 하지 못하도록 혼을 압박하는 악한 영의 공격을 깨달아 물리칠 수 있어야한다. 이것에 실패하면, 악한 영들은 신자의 영이 침착한 행위를 하지 못하도록 할 수 있는 것을 찾을 것이다. 신자의 영은 그들의 지속적인 공격을 방해하거나 막을 수 있는 완전히 객관적인 존재다.

영을 따라 걷기 위한 방법을 알아야 한다.

1) **신자는 영적인 것과 영의 필요들에 주의를 기울이는 방법과 영을 소멸하지 않는 방법을 알아야 한다**. 부담이 영에 있지만, 신자는 압력을 제거하는 노력을 계속해야 한다. 이 일이 힘들다는 것을 알지만, 부담을 감당할 수 없게 되어 감당하기를 중단하고 중요한 것이 무엇인지 찾지 않으면, 원인을 조사할 시간이 없다. 아무튼 그는 처음으로 영의 요청에 주의

를 기울이게 되어 적으로부터 오는 모든 압박감을 거부하여 "부담"을 하나님께 맡기는 기도를 하게 될 것이다.

2) **신자는 자신의 영을 읽을 수 있어야 한다.** 자신의 영이 성령님과 협력하지 못하게 될 때, 즉시 하나님과 교제하지 못하도록 하는 모든 공격을 재빨리 거부하는 것을 알아야 한다.

3) **신자는 자신의 영이 악한 영들의 독에 접촉되었을 때를 알아야 한다.** 예를 들면 슬픔, 고통, 불평, 불만, 잘못 찾기, 진노, 과민, 상처받은 느낌, 질투 등이 일 때다. 이 모든 것들은 영을 대적하는 적에게서 온 것이다. 그는 자신의 영에 주입된 모든 슬픔과 우울함과 불만에 저항해야 한다. 자유로운 영이 승리하는 삶은 기쁨이 가득한 것이기 때문이다(갈 5:22). 영을 따라 걷는 삶을 알고 있는 신자라면, 위에서 언급한 영에 영향을 주는 이 다양한 것들은 "육신의 행위

들"이 출현한 것이라는 것을 알 것이다. 그러나 빈틈없이 저항하고 거부하지 않으면, 인식하지 못하는 사이에 이것들은 빠르게 육의 영역에 이를 것이다.

4) 신자는 자신의 영이 몸과 혼을 지배할 수 있는 적절한 위치에 있기 때문에, 위급한 갈등 상황에 바로 조치를 취하지 못하는 상태가 될 때를 알아야 한다. 신자가 주의를 기울이고 대처할 수 있는 세 가지 영적인 상태가 있다.

① 낙담되거나, 맥을 놓거나, 또는 "의기소침"한 영적 상태.
② 적절한 위치에서 냉정하고 침착하게 지배하는 영적 상태.
③ 긴장 상태나 또는 몰리는 상태에서 "균형"을 잡을 수 없는 영적 상태.

신자가 영을 따라 걷고 위의 상태들에 유의하면, 지나친 열정이나 악한 영의 조종으로 균형을 잃게 될 때, 조용히 결단력 있게 낙담한 자신의 영을 "회복"시켜 과잉 행동을 검토할 수 있게 된다.

인간의 영은 빛을 좋아하게 된다. 인간의 영이 하나님의 영과 만나게 되면, 빛으로 충만해진다. 그분을 떠나면 인간의 영은 어두워진다. 그분이 거하심으로 "인간의 영은 주님의 등잔불"이 된다(잠 20:27). 인간의 영은 또한 고무줄처럼 될 것이다. 말하자면 인간의 영이 묶이거나 또는 억압받거나 부담스러워지면, 이것은 행동이나 능력과 "활력"의 근원이 되지 못한다. 부담을 느끼게 되면, 인간은 부담이 되는 것이 무엇인지 찾는다. "이것이 당신의 몸인가요?"라는 질문을 받으면, 인간은 "가슴이 뛰는 것을 느끼지만" 아마 "아니요"라고 대답할 것이다. 그렇다면 "뛰거나 부담스러운 것"이 무엇일까? 영이 아닐까? 인간의 영은 압축되거나 확장되고 얽매이거나 자유로울 수 있다. 인간의 영의 가능성과 잠재력은 그리스도와 연합될 때만 알 수 있다. 그리고 "이 이용 목적

때문에 어둠의 권세들에 대항하기[2] 위하여 성령님께서 인간의 영을 강하게 하신다."

3. 영적인 사람은 그리스도 안에서 "장성한 분량에 이르도록 성장"하다

"영적인" 사람은 또한 그리스도 안에서 "장성한 분량에 이르기까지 성장"한 사람으로 사도 바울은 말하고 있다. 고린도전서에서 우리는 영적인 신자와 세속적인 신자의 차이를 묘사하고 있는 놀라운 대조를 볼 수 있다. 세속적-또는 육신적-인 신자는 복음의 가장 단순한 요소인 "우유"로만 채워질 수 있다. 반면에 "장성한 분량" 또는 "영적인" 신자는 "하나님의 깊은 것들, 즉 사람의 지혜가 가르치는 말로 표현될 수 없는 영적인 것들 [언급되어 있듯이, 원리들이 아니라, 세상에 있는 물질

---

[2] 영을 따라 걷기에 대한 개념에 대해 더 많은 빛을 원하면, 이 부분이 발췌된 『성도들의 전쟁』(*War on the Saints*)을 보라.

들만큼 실질적인 것들-사실들-물질들]은 영적인 사람들이 이해할 수 있도록 성령님께서 가르치는 말로 표현되는 것들을 받을 수 있다(고전 2:10, 13).

사도는 또한 "혼적"인 사람은 이 성령의 "것들"을 육신적으로 "그리스도 안의 어린아이들"이 받을 수 있는 만큼도 받을 수 없다는 것(고전 2:14-3:1)을 분명히 하고 있다. 혼적인 지성과 지혜에 성령의 것들은 단지 무익하고 어리석을 뿐이기 때문이다. 오직 영적인 사람들만이 성령의 것들을 이해할 수 있고 "분별"할 수 있다. 이것들은 물질적인 것들처럼 실제로 "분별"될 수 있기 때문이다! "영적인" 사람은 "모든 것들을 분별한다." 성령의 도우심으로 영적인 사람은 모든 것들 안에 있는 영적인 자원을 꿰뚫어 지각과 시각의 베일을 통과하여 모든 것들 뒤에 있는 영적인 진리들을 통찰할 수 있기 때문이다. 그러나 "혼적"인 사람, 즉 오직 자신의 타고난 지성만을 이용할 수 있는 사람, 지성이 할 수 있는 이상으로 더 깊이 통찰할 수 없는 사람은 자연의 영역에서만 모든 것들을 분별할 수 있을 뿐 그 이상은 하지 못한다!

"영적인 사람은 이해하는 면에서 성숙하다"고 사도는 쓰고 있다. 그리고 사도 바울의 서신서들에 있는 "영적인" 사람과 "성숙한" 사람에 관한 모든 참조 사항들을 조심스럽게 검토해보면, 신자들이 영적인 사람과 혼적인 사람으로 구분하는 방법이 "영적" 또는 "충분히 성숙한" 단계에 이른 상태라는 것을 알 수 있다. "충분히 성숙"한 단계는 반복적으로 영적인 것들을 이해하고 가르치는 지식과 관련이 있다. 이 모든 것들은 혼에서 하는 것들이다.

"우리가 완전한 자들 가운데에서 지혜를 말하거니와"(고전 2:6), "깨닫는 일에 아이가 되지 말라…깨닫는 일에는 어른이 되라"(고전 14:20), "모든 지혜로 각 사람을 가르침은 각 사람을 그리스도 예수님 안에서 완전한 ["온전히 성숙한" 의미로 표현되는 헬라어와 같은 단어]자로 드리고자 함이니"(골 1:28), "단단한 음식은 장성한 자들의 것이기 때문이니 그들은 곧 그것을 사용하여 자기 감각들을 단련시킴으로…"(히 5:14), "그러므로 우리 완전한 [또는 "이해함에 있어서 성숙한", "어린아이"와 대조되는 "완전함"과 고린도전서 2:6에 쓰인 "충분히 성숙한"과 같은 헬라어] 자들은 다 이같이 생각할지니"(빌 3:15)라고 사도는 서신들에 쓰고 있다. 골로새 교인들을 위하여 사도는 그들이 "모든 지혜와 영적인 깨달음에서 그분의 뜻을 아는 것으로 채워지게 하시기"(골 1:9) 위하여 기도하고 있다. 그리고 죄에 압도된 형제를 회복시키기 위해 명령에 따르는 사람이 "영적인" 사람이다. 영적인 사람만이 하나님의 관점으로 죄를 다룸에 있어서 요구되는 신실함, 즉 죄를 지은 형제에게 사랑과 친절로 천국의 지혜를 실천할 수 있기 때문이다(갈 6:1).

에베소 교인들에게 사도는 다시 "이로써 우리가 다 믿음과 하나님의 아들을 아는 것에서 하나가 되어 완전한 사람을 이루고 그리스도의 충만하심의 장성한 분량에까지 이르리니"(엡 4:13)라고 쓰고 있다. 여기서 다시 장성한 분량과 그리스도의 충만함과 연결된 지식을 말하고 있다! 그리스도의 신비한 몸으로 규정하고 "충만한 성장"을 가져오는 "믿음의 연합"은 각 개인이 충분히 성장한 단계에 이른 "영적인" 사람이 되어야 나타난다. 이것은 영이 살아나신 주님과 완전히 연합되어 지성과 그 외의 것들이 있는 "혼의 그릇"이 첫 사람 아담의 미천한 생명에서 온 것이 아니라 하나님 중심의 영역에서 온 영으로 격려 받고 다스림을 받도록 하기 위한 것이다.

4. 영적인 사람은 "사랑으로 완전하게 되다"

고린도전서 2:6에서 사도 바울은 "장성한 분량에 이른"으로 표현하고 있으나 자주 마음이나 지식과 결합된 "완벽"이라는 단어는 사도 요한이 쓴 사랑과 결합되어 있다. 사도 요한은 신자를 "사랑으로 완전하게 되다"(요일 4:18)라고 말하고, "완전한 사랑이 어떻게 두려움을 내쫓고" "완벽하게 만드는 사랑"이 "심판의 날에 어떻게 용기"를 주는지 말하고 있다. 따라서 요한일서는 "영적인" 사람을 완전히 하나님의 사랑에 따라 움직이는 혼의 애정을 가진 사람으로 그리고 영에 거하시는 그분으로부터 흘러나오는 사랑으로 완벽하게 가득 찰 정도로 완전한 사람으로 보여주고 있다. 사도 요한은 "하나님께서는 우리 안에 거하시고 그분의 사랑은 우리 안에서 완벽해진다"고 쓰고 있다. 즉 혼이라는 그릇의 용량이 차기까지 신령한 사랑으로 완벽하게 채워진 것이다. 이것은 혼이 하나님의 사랑으로 "완벽"하게 채워져서 혼을 채웠던 "두려움"이 있을 곳이 없도록 하기 위한 것이다.

그러나 요한의 언어는 신자의 영에 거하시는 그분의 신령한 사랑은 혼이라는 그릇을 통하여 자유로이 흐를 수 있다는 사실 이상의 의미까지 담고 있다. 그는 진실한 영적인 사람이 성령 안에서 사는 삶을 그리고 있다. 즉 하나님 중심의 영역에서 살고 거하는 것의 의미를 설명하고 있다. 그는 "하나님은 사랑이시라. 사랑 안에 거하는 자는 하나님 안에 거하고 하나님께서도 그 안에 거하시느니라"(요일 4:16)고 쓰고 있다. 사랑의 영으로 살며 걷는 "영적인" 사람은 따라서 "하나님 안에 거하고" 있다. "두려움"이나 "미움"이 생기면, 그는 혼의 영역으로 떨어져 타고난 혼적 삶의 활동영역을 받아들이거나 또는 악한 영들의 공격을 받은 것이다. 그는 영으로 하나님과 협력하는 것을 중단한 것이다. 이것을 깨달을 때 그는 즉시 엄격한 육의 능력으로 육체적인 영역에 굴복한 것으로 인하여 십자가로 가야 한다. 그는 하나님을 향하여 이것이 "죄"라는 것을 인정하고 요한일서 1:7에 따라 깨끗하게 하는 피를 적용할 것을 찾아야 하고, 동시에 어둠의 권세에 저항하고 한 번 더 승리하기 위해 "하나님의 전신갑주"를 입어야 한다.

5. 영적인 사람은 모든 신자들과 함께 "하나가 되어 완벽하게 되다"

"영적인 사람"은 그리스도 안에서 다른 사람들과 함께 하나의 영으로 완벽하게 된다. 고린도전서 2:6에 인용된 "완벽"이란 단어는 구속 받은 사람들 사이의 연합을 말하는 그분의 대제사장의 기도에서 주 예수님도 인용하셨다. 그분의 대제사장의 기도는 그 연합을 가능하게 하기 위해 그분께서 십자가로 가시기 전날 저녁에 그분의 마음의 짐을 내려놓는 기도다.

> 아버지시여,
> 아버지께서 내 안에,
> 내가 아버지 안에 있는 것 같이
> 그들도 우리 안에 있게 하사
> 우리 안에서 하나가 되게 하사…
> 이것은 우리가 하나인 것 같이
> 그들도 하나가 되게 하려 함이니이다
> 내가 그들 안에 있고 아버지께서 내 안에 계신 것은
> 그들로 하여금 하나 안에서 완전함을
> 이루게 하려 함이며…(요 17:21-23).

하나님 아버지와 아들 사이에 존재하는 기본적 연합-영대 영의 본질적 연합-은 신자가 하나님 안에 있는 다른 사람과 연합되도록 한다. 주님의 언어는 틀림이 없다. 그분은 "**우리가 하나이듯**, 그들도 하나가 될 것"이라고 말씀하셨다! 여기서 우리는 성령님으로 말미암아 완벽한 연합을 이룬 신자의 영에 거하는 아버지와 아들을 의미한다. 이것은 또한 당연히 다른 신자들과도 똑같은

영적 연합을 의미한다.

따라서 "영적인" 사람은 사랑이신 하나님 안에서 그리스도와 하나가 되었을 뿐만 아니라 다른 사람들 안에 거하시는 하나님과 똑같이 연합되었다는 것도 알게 된다. 따라서 ① 분열, ② 차별(약 3:17), ③ 파당(갈 5:20)으로 나타나는 본성에 따른 혼적인 삶을 어느 정도 받아들이면, 하나님 안에 온전히 거할 수 없게 된다.

6. 영적인 사람은 "빛 가운데 걷는다"

> 그러나 그분께서 빛 가운데 계신 것같이
> 만일 우리가 빛 가운데 걸으면
> 우리가 서로 교제하고
> 또 그분의 아들 예수 그리스도의 피가
> 모든 죄에서 우리를 깨끗하게 하느니라…(요일 1:7).

사도 요한의 말처럼 걷는 사람은 "영적인" 사람이다. 빛 가운데 걷는다는 것은 자신의 영에 거하시는 하나님

자각의 영역에 살고 있는 사람만이 할 수 있다. 혼의 영역으로 하락하는 것은 흐릿한 그릇 속으로 침몰하는 빛 같이 된 것과 연합된 그런 영을 가지고 있는 것과 비유될 수 있다. 흐릿한 그릇 속으로 침몰하고 있는 빛은 구름이나 필름에 가려 빛을 빼앗긴 빛이다. 빛이 되신 하나님 안에 거하는 신자는 빛 가운데 거하고 "걷는다" 그리고 그 빛 안에서 하나님과 빛 안에 거하는 다른 사람들과 "교제"한다. 한편 요한일서 1:9에서 예수님의 피는 "혼적인 삶"의 가르침을 따르거나, 또는 세상에서 죄를 가까이하여[3] 불법적인 일로 알려진 모든 죄에 대하여 법적 구제가 된다. 무의식적으로 거하는 것에 영향을 미치는 알지 못하는 모든 죄를 지속적으로 씻어낸다.

"하나님은 빛이시고, 그분 안에는 어둠이 전혀 없다." "사랑이신 그분은…빛 가운데 거하신다." 이것이 승천하는 삶이거나 또는 하나님 안에서 그리스도와 함께 감추어진 삶이라고 사도 바울은 쓰고 있다. 이것은 예루살

---

3) 불법적인 일에서 알려진 모든 죄에 대하여 요한일서 1:9은 법적 구제가 된다.

렘의 한 다락방에서 주 예수님께서 제자들에게 작별의 말로 하신 말씀이고, 이것은 영화로운 예수님의 영이 제자들의 영에 들어갔을 때인 오순절 날에 성령님에 의해 제자들이 실제로 경험한 말씀이다. 그 때 제자들은 혼의 영역에서 올려져 영화로운 주님과 영적으로 하나가 되었다. 그분이 그들 안에 그리고 그들이 그분 안에 거하게 되었다. 이것으로 인하여 "세상"이 주목하게 되었다. 그리고 수많은 사람들이 믿었다! 사람들이 "사랑 안에서 완벽하게 되어" 모든 "두려움"에서 벗어나 성령으로 충만하여 일동이 하나가 되는 것을 보았다. 사람들은 아나니아가 보여준 것과 같은 죄로 인한 이기심이 그들 가운데 존재하지 못하도록 하는 그 빛 가운데에서 걷는 그들을 보았다!

그리스도와 그분의 교회에 빛을 비춤으로 그분의 몸 된 모든 지체들이 "영적"으로 되어 살아나신 머리와 연합하는 곳에 적응하게 된다(또는 완벽하게 된다). 신자가 "영"과 "혼"의 차이를 이해해야 하는 중요성은 아무리 강조해도 지나치다고 할 수 없다. 신자가 완전히 "영적인" 사람으로 성장하기 위해서는 의식적으로 "육을 따라" 사는 것을 중단해야 한다. 신자는 자신의 영을 알고 영적인 것들을 이해하고 검토할 수 있기 때문이다. 삼위일체의 하나님께서 거하시는 그의 영이 혼이나 몸의 지배에서 완전히 벗어나 자유로운 곳, 곧 그가 도달한 거기에서 걷고 있는 완전히 정결해진 사람은 한층 더 "완벽"하기 위해 밀고 나아간다(빌 3:15-16).

첫 단계의 거듭남에서 그리스도의 생명으로 완전히 성장하는 단계까지 기간이 얼마나 걸릴지 우리는 분명하게 말할 수 없다. 그리스도의 생명으로 완전히 성장한다는 것은 살아나셔서 승천하신 주님과의 연합을 통하여 자유롭게 되어 혼과 몸을 완전히 지배하는 영적인 인식을 말한다. 고린도전·후서에서 사도 바울이 사용한 언어와 히브리서의 저자가 다시 사용한 말은 많은 신자들이 어린아이의 단계, 즉 "아직 세속적"인 단계에 너무 오래 지체하고 있어서, 그들의 영적인 삶이 너무 연약하기 때문에 우유가 필요하고, 그들이 선생이 되어 "아기들"이 성숙하도록 인도했어야 했다는 것을 넌지시 비치고 있다. 어린아이 단계는 오래 끌거나 분명히 단축할 수 있고 통상적인 기간으로 측정할 필요가 없다. 아마 기간은 신자의 진리에 대한 이해와 진리에 대한 지식과 자기부인의 정도에 따라 결정될 것이다. 모든 사건에서 히브리서 저자는 신자의 태도가 성장과 상당히 관련이 있다는 것을 분명히 하고 있다. "듣기에 둔하고" 복음에 대한 초보적인 원리들을 다시 배울 필요가 있다는 것을 말함으로 그들을 책망하면서 저자는 "그러므로 우리가 그리스도의 교리의 초보 상태를 떠나 완벽하도록 열심히 노력하자…"(히 6:1)고 말하고 있다. 이것은 사도 바울이 빌립보서 3장에서 한 말과 거의 같다. 빌립보서 3장에서 사도 바울이 또한 비록 "…완벽한, 즉 충분히 성장한 우리가 그리스도 안에서 하나님의 위를 향한 부르심의 목표를 향하여 열심을 다하는 결심을 하자"고 말할지라도, 자신이 "이미 완벽하게 되었다"는 것을 당연시하지 않고 열정을 가지고 열심히 최선을 다할 것을 말하고 있다.

7. 영적인 사람과 "신령한 몸"

고린도전서 15:44에 신자가 부활한 옷을 입을 것으로 언급되어 있는 "신령한 몸"은 우리가 계속 관심을 가져온 영적인 단계에 이르는 논리적 결과다. 사도는 "그러나 영에 속한 것이 먼저가 아니요, 본성에 속한 것이 먼저며 그 뒤에 영에 속한 것이라"(46절)고 쓰고 있다. 그리스도 안에 있는 아이는 "아직 세속적"이지만, 로마서 6장을 이해하면 곧 육을 따라 걷기를 중단하고 영을 따라 걸을 것이다. 그런 후에 그는 "영과 혼의 차이"를 이해하고, 새로운 마음으로 "영적인 사람"이 되어, 하나님을 위한 그릇인 그의 혼과 몸이 자신을 통하여 그분을 표현하게 된다. 이제 인간의 세 부분에 대한 본래의 순서가 다음을 지각함으로 회복된다.

1) 자유로운 영(하나님을 지각하는 곳) 안에서 다스리는 성령님과 함께

2) 그릇(자기를 인식하는 곳)으로서 혼, 또는 성격과

3) 종(감각 중심적인 곳)으로서의 몸.

이제 사람이 진정으로 "영적"으로 되면, 우리는 그를 "혼"의 그릇에 거하는 "영"이라고 말할 것이다, 그리고 이것은 죽을 수밖에 없는 육체적 몸 안에 담긴다. 사도 바울의 언어는 주님이 천국에서 오실 때 몸이 완전히 구원될 것이라는 것을 분명하게 보여주고 있다. 그는 다음과 같이 쓰고 있다. "우리까지도 속으로 신음하여 우리 몸의 구속을 기다림은"(롬 8:23). "우리가 구원자 주 예수 그리스도를 기다리노니, 그분께서는 우리의 천한 몸을 변화시켜 자신의 영광스런 몸과 같게 하시리라"(빌 3:20-21). "우리가 입고자 함이니 이것은 죽을 것이 생명에게 삼켜지게 하려 함이라"(고후 5:4). 따라서 몸은 "본질적인" 몸, 즉 죽을 몸, 또는 흙으로 만든 그릇이다(고후 4:7). 그리고 비로소 이 땅에서 죽을 때에 나타난, 또는 눈이 반짝거리는 가운데 주님께서 오실 때 변화된 "영적인 몸"이 일으켜진다.

하루하루 성령님의 다스림 가운데 살고 있는 "영적인" 사람은 몸이 구원 받는 때가 오기를 "간절히" 바랄 것이다. 영을 따라 걸을 때 로마서 8:11에 따르면 그의 몸이 생명을 주는 성령의 능력에 참여하기 때문이다. 로마서 8:11에서 사도는 "만일 예수님을 죽은 자들로부터 일으켜 세우신 분의 영께서 너희 안에 거하시면 그리스도를 죽은 자들로부터 일으켜 세우신 분께서 너희 안에 거하시는 그분의 영을 통하여 너희의 죽을 몸도 살리시리라"고 선포하고 있다. "예수님을 죽음에서 일으켜 세우신" 바로 그 아버지의 영에 의해 "죽을 몸을 다시 살아나게" 하는 이 사실이 있도록 한 능력이 본성적인 혼적 삶이 십자가의 능력으로 지속적으로 "소멸" 될 때(마 16:24-26)에만 알려질 수 있다. 생명을 주는 영이 혼과 몸에 자유롭게 기운을 북돋울 때 죽을 몸이 성령님에 의해 다시 살아날 수 있기 때문이다.

고린도후서 4:10-12에 있는 사도의 제안은 이 단계에 있는 신자의 삶과 함께 해야 한다. 혼적 능력과 수완을 이용하여 성령님으로부터 흘러 들어오는 영적인 생명을 찾기 위해서는 혼적인 생명이 "소멸"되어야 하듯이, "잃어야" "얻는다"는 원리도 죽을 몸 안에서 그와 똑 같이 작용해야 한다. 따라서 "예수님으로 인하여 항상 죽음에 넘겨짐은 예수님의 생명 또한 우리의 죽을 육체에 나타나게 하려 함이라"고 써있다.

천국의 대제사장의 이름으로 영적인 검을 써서 신자가 영과 혼을 구별하여 양보할 때 영의 생명이 흘러들어 올 곳을 내어주어 혼을 움직이는 세속적인 생명의 소멸이 점진적으로 생긴다. 이와 같이 신자는 "눌리고, 혼동되고, 쫓기고, 맞고 쓰러진다." 그렇다 "힘에 겹도록 눌림을 당하여 심지어 생명까지도 단념하는"(고후 1:8-9) 십자가의 길을 따를 때 "예수님의 죽음"이 죽을 몸에 지속적으로 작용한다. 이렇게 할 때, 죽을 몸을 살리시고 유지할 수 있도록 하시는 "예수님의 생명"을 증명할 죽음에서 살리시는 하나님께 내려놓게 된다. 예수님의 생명을 "얻기" 위하여 이 생명을 "잃는 것"은 신자가 주님을 알기 위하여 따를 때 성령님께서 하시는 것이다.

> 우리 살아 있는 자가 항상 죽음에 넘겨짐은
> 예수님의 생명 또한 우리의 죽을 육체에
> 나타나게 하려 함이라.
> 그런즉 사망은 우리 안에서 일하고
> 생명은 너희 안에서 일하느니라(고후 4:11-12).

"죽을 몸"에는 고통스럽지만, 하나님의 이 깊은 것들을 "분별"할 수 있는 "영적인" 사람은 다음의 것을 알 수 있다. 삶과 죽음에 작용하는 것은 주님과 그분의 백성들에게 두 가지 매우 중대한 결과를 의미하는 것을 알 수 있도록 한다.

1) 예수님의 생명이 혼의 재능들을 통하여 영의 신성한 곳으로부터 자유로이 흐를 수 있을 때, 방해 받지 않는 능력으로 "죽을 몸"을 살린다는 것이다. 이것은 신자들뿐만 아니라 다른 사람들에게도 생명이 된다는 것을 의미한다. 즉 주님께서 말씀하셨듯이 생수의 강에 대한 그분의 약속 안에서 그리스도의 전 교회에 살아나는 생명이 된다는 의미다.

2) 이 죽을 몸이 살아나는 것은 "성령님의 진정"이다. 그리고 그것으로 인하여 몸 자체가 "죽을 것이 생명에게 삼켜지게 될" 그 시간을 위해 준비된다고 사도는 말하고, "바로 이 일을 위하여⋯우리에게 성령을 보증으로 주신 분은 하나님이시니라"(고후 5:4-5)고까지 사도는 쓰고 있다.

8. 영적인 사람에게 일어날 수 있는 위험들

영이 혼과 몸을 다스리는 진실로 "영적으로 된" 신자는 그 때에 갈등의 영역을 통과하는 것이 아니라 에베소서 6:10-18에서 말하고 있듯이 갈등의 영역에서 더 미묘한 단계로 들어간다. 에베소서 2:6에 "하늘의 처소에서 그리스도와 함께 앉아있을" 것으로 듣는 사람은 "높은 곳"에서 악한 영의 주인들과 "씨름"하는 것으로 뒤에 묘사되고 있다. 부분적으로 마귀의 "속임수"의 형태로 나타난다.

이것은 갈등 가운데 있는 영적인 신자가 갈라디아서 5:17에 묘사되어 있는 육과 영의 갈등보다는 오히려 영적인 영역과 관련되어 있는 문제들에 말려들도록 하려는 적들의 교묘한 영적인 속임수를 주로 경계해야 한다는 것을 암시하고 있다.

이 단계의 갈등에서 어둠의 권세의 속임수는 주로 영을 따라 걷지 않고 어느 정도 혼을 따라 걷는 영적인 사람을 낚는 쪽으로 향해 있다. 즉 하나님의 거룩한 영과 협력하는 영의 영역대신, 감각의 영역에서 어떤 것의 영향을 받아서 그것을 따라 걷는 것이다.

그렇다면 영적인 신자는 속이는 사탄의 영들이 혼의 영역에서 인간의 영을 속일 수 있다는 것을 이해하는 것이 중요하다. 사탄의 속이는 영들은 가장하여 겉 사람에게 접근하여 그 사람 안에서 영적인 것과 다른 감정들을 야기하여 이런 일을 한다. 영적으로 나타날 가능성이 있는 이 다른 감정들에게 붙잡히면, 이것들은 강해져서 진정한 영적인 행동에 침묵하도록 하거나 압도시킨다. 신자가 이런 방식으로 접근하는 적의 책략을 의식하지 못하면, 그는 "영을 따라 걷고 있다"고 생각하며 거짓 영적인 감정들을 따르기 때문에 진정한 영적인 행동을 취하지 못하도록 허용한다.

진정한 영적 행동이 중단되면, 악한 영들은 "하나님께서 이제 새로운 마음을 통하여 인도하신다"는 것을 제안한다. 이런 것은 악한 영들의 거짓 역사들을 숨기고 그 사람의 영을 이용하지 못하도록 하려는 시도다. 동시에 속임수는 추론과 판단 등에 따라 마음에 빛을 비추어 신자가 "영을 따라 걷기"를 중단하고 본성적인 마음을 따라 걷고 있다는 것을 깨닫지 못하도록 하기 때문에 하나님으로부터 온 빛이라고 생각한다.

영적인 사람에 대한 다른 위험은 신자 자신이 "영적"이라고 생각하도록 하는 몸의 느낌들을 만들어서 자신이 여전히 영을 따라 걷고 있다는 믿음 안에서 육신(즉 몸)을 따라 걷도록 하기 위한 사탄의 속이는 영들의 교묘한 유혹이다. 이 속임수들을 타파하기 위해서 신자는 초자연적인 것들에 대한 모든 육체적 의식, 자연적인 것들에 대한 과도한 육체적 의식까지도 거부해야 한다는 것을 이해해야 한다. 이 두 가지 것들은 "영을 따라 걷는" 마음을 바꾸어 육체적 감각들을 부추긴다. 과도한 육체적 의식 또한 지속적으로 마음을 집중하게 하는 장애물이 된다. 영적인 신자들 안에서 적에 의해 이용되는 "육체적 의식"은 마음이 집중하지 못하도록 하여 영에 구름이 끼도록 한다. 따라서 몸은 평온하게 유지되어야 하고 완전히 통제되어야 한다. 이 이유 때문에 지나친 웃음과 영과 마음을 지배하는 육체적 삶을 각성시키는 모든 "분주함"은 피해야 한다. "영적"으로 되려는 소망과 하나님의 생명 안에서 "일생"을 살려는 소망을 가진 신자는 모든 일에 과도함, 사치, 극단성을 피해야 한다(고전 9:25-27 참조).

인간의 육체가 지배하고 몸에서 느끼는 초자연적인 경험들에 대해 오해하기 때문에 몸은 영적인 일을 하도록 창조되었고 진정한 영적인 삶을 현저하게 억압한다. 이런 상태에서 몸은 압박감을 느끼고, 갈등을 느껴, 영과 마음에서 "인지"하게 된다. 신자들은 구별하는 것을 배워야 하고 진정한 영적 느낌들을 인지하는 방법을 알아야 한다. 영적 느낌들은 감정적(혼적)이지도 않고 육체적 이지도 않다(예를 들어 막 8:12; 요 13:21; 행 18:5를 보라).

무지함 때문에 대다수의 신자들이 "혼을 따라" 걷는다. 즉 신자들의 마음과 감정들이 자신들이 "영을 따라 걷는다"는 생각 아래 혼을 따라 걷고 있다. 이것이 의미하는 것 때문에, 즉 신자의 활발한 영적 능력을 박탈하여 사탄의 세력은 신자가 혼이나 몸에서 살도록 이끌기 위해 모든 속임수를 이용한다. 이 속임수들은 때로는 마음에 비젼을 비추거나, 기도하는 동안에 마음에 영상을 떠오르게 하거나 또는 몸에 기쁨으로 인한 흥분이나 생동감 등을 느끼도록 한다.

외부에서 온 초자연적인 것들이나 또는 감각적 영역에서 경험한 것들에 의지하는 것은 내면의 영적인 삶을 검토하도록 한다. 감각적 "경험들"의 유혹으로 인하여 신자는 진정한 영적 영역에서 사는 대신 외적인 몸의 영역에서 살게 된다. 그렇게 되면 중심에서 하는 행동을 중단하고 그는 상황적으로 초자연적인 외부의 작용들에 사로잡혀 상당히 무의식적으로 하나님과 내적으로 협력하지 못하게 된다. 그런 후에 영적인 적에 대항하는 갈등 가운데 성령님의 기관인 그의 영은 정지 상태로 떨어져 무시된다. 신자가 감각적 경험에 점령되었기 때문이다. 결과적으로 성령님은 인도하거나 또는 활동과 갈등 상황에서 역사하기 위한 행동을 실질적으로 하지 못하게 된다.

인간의 영이 성령님과 협력하지 않고 행할 수 있는 심각한 위험이 있다. 인간의 영이 혼과 "분리"되어 지배하면, 아주 다른 방식으로 영들을 속여 영향을 받도록 인간의 영은 개방 된다. 이미 암시한 방법들 가운데 하나를 생각하거나, 그렇지 않으면 신자가 성령님과 협력하는 것을 (무의식적으로) 중단하고 아직도 자신의 영의 인도를 받는다면, 그는 제멋대로인 자신의 영이 하나님의 능력이 나타나는 증거가 된다는 생각을 하게 된다. 그는 혼을 이기도록 그를 이용하는 성령님을 다른 방향으로 보기 때문이다. 그 환상 아래에서 그는 자신의 영에 주입된 분노가 분출할 것이고, 이 모든 것이 하나님 때문이라고 생각하여 분노를 쏟아낼 것이다. 그러나 진정한 통찰력을 가진 사람들은 불쾌한 생각이 분명히 하나님으로부터 온 것이 아니라는 것을 알고 있다. 이러한 경험은 기도하는 사람이 주의하지 않으면, 말할 때와 마찬가지로 갈등상황에서 쉽게 발생할 수 있다. 즉 귀신들린 강한 힘으로 영에 직접적으로 영향을 미치거나 또는 혼적인 감정들을 수단으로 하여 갈등 상황에서 쉽게 발생한다.

신자가 성령님과 협력하지 않기 때문에, 신자 자신 안의 신성한 역사들을 모방하는 악한 영들이 인간의 영에 미치는 이 영향을 신자는 이해하고 하나님을 따라 걷기를 추구해야 한다. 신자는 영적이기 때문에, 영의 영역에 있는 두 세력들에게 그의 영이 개방되어 있다는 것을 알아야 한다. 오직 성령님만이 영적 영역에서 그에게 영향을 미칠 수 있다고 생각한다면, 그는 분명히 잘못된 방향으로 이끌릴 것이다. 그렇게 되면, 그는 피할 수 없게 될 것이다. 그는 주의하여 기도할 필요가 있다. 그리고 그는 속임수와 하나님의 진정한 역사를 분별할 수 있는 이해력 있는 안목을 갖기를 추구해야 한다.

"영적인" 신자는 에베소서 6장에 주어진 하늘의 영적 전쟁에 대해 베일을 벗기는 연구를 깊이 해야 한다. 그리고 신자는 "하나님의 전신갑주"를 "취하여" 적이 분명히 맹렬한 공격을 하는 "악한 날"에 이용하기 위하여 "하나님의 전신갑주"의 의미를 충만한 정도까지 경험을 통하여 알 수 있도록 노력해야 한다.

이러한 시대에 하나님의 영이 지고 있는 짐은 그리스도의 몸의 지체들을 온전하게 하거나 또는 완벽하게 성숙할 수 있도록 한다. 그래서 빨리 그분이 오셔서 그리스도와 그분의 공동 상속자들의 천 년의 다스림이 도래하게 될 것이다. 세상의 평화와 사탄의 패배-사탄이 패배하게 되면 사탄은 지옥으로 던져지게 될 것이다-와 세상의 왕국들이 우리 주님과 그분의 그리스도의 왕국이 된다. 이것을 위하여 "주 예수님께서 빨리 오실 것이다. 아멘."

자유롭게 하소서! 그리스도 안에서 자유롭게 하소서.
그분의 죽음 속으로 깊이 뿌리를 내려.
그분이 생명의 능력을 개방하면,
그분의 영이 호흡한다.
그리고 나면 영 안에서 세력을 증대한다,
살리는 생명의 능력으로.
혼과 몸이 지배를 받으면,
몸의 지체들은 불화를 중단한다.
자유롭게 하소서! 그리스도 안에서 자유롭게 하소서.
일어나신 분과 연합되어.
갈등에서 기도로 당신은 승리한다,
그리고 그분의 승리로 이겼다고 단언한다.
그분의 영광스런 자유로 해방된다,
가득 찬 어둠을 초월하여.
이제 죄와 죽음의 법은 그분의 생명으로 정복되었기 때문이다.

— M. M.

부록

"혼의 권세" 대 "영의 권세"[1]

1. 종말의 위험에 빛이 비치다

"혼(psuche)의 권세는 영(pneuma)의 권세에 대항하도록 전열을 갖추고 있다." 이 문장은 이 우울한 시대에 보이지 않는 영역에서 일어나고 있는 갈등을 묘사하기 위하여 인디아에 있는 한 통신원이 쓴 의미심장한 문장이다. 이것은 그가 그 당시 인디아에서 발생하고 있는 실질적인 문제들을 묘사한 것이다. 이 말은 동양과 마찬가지로

---

1) 부록은 1921-1923년에 걸쳐 발행된 『정복자』(*The Overcomer*)에 처음 등장했다.

영국에서도 발생하고 있는 것을 "영"과 "혼"을 구별할 수 있는 사람들을 위해 그저 생생하게 표현한 것일 뿐이다. 상황은 의심의 여지없이 도전적이다. 하나님의 것들 가운데 그리스도의 교회는 선두에 서서 새로운 단계로 나아가기 위한 시험을 당하고 있다. 지금까지 교회가 알고 있는 모든 것들은 필요들을 충족시키기에 부적합했다. 따라서 하나님으로부터 오는 신성한 빛이 되신 성령님이 절박하게 필요하다. 그리고 이것은 새로운 상황이 발생함에 따라 그분께서 주신 것이다.

"혼의 권세가 영의 권세에 대항하도록 전열을 갖추고 있다!" 이 "혼의 권세"는 어떤 것인가? 우리 통신원은 다음과 같이 쓰고 있다.

"함정의 권세는 온 세상을 속이기 위해 세상에 왔다"(계 12:7-12). 그 결과 세상의 정치적 상황에 거대한 격변이 일어나고 있다. 이런 사건들이 활발하게 그리스도의 교회에 영향을 미칠 때, 이것들을 판단하는 것이 중요하다.

나는 인도 정부의 하계 중심지인 시믈라(Simla)에서 상류층

사회에 속해 있는 북인도 사람을 만난 적이 있다. 어느 날 저녁 그는 아시아의 여러 나라들과 인도 성자들의 관계를 나에게 말했다. 그는 커다란 정치적 사건들이 일어나기 몇 주 전이나 몇 달 전에 이 사건들에 대하여 알았다고 말했다. "나는 전신과 신문에 나는 뉴스들에 의지하지 않는다. 이것들은 단지 과거의 사건들을 기록한 것일 뿐이다. 우리는 사건들이 발생하기 전에 이 사건들이 일어날 것을 알고 있다"고 그는 말했다. 인도에 있는 사람이 어떻게 런던과 다른 곳에서 일어나고 있는 사건들을 알 수 있을까?

이것은 성자들의 비밀을 아는 사람들에 의해 투영되는 '혼의 권세'를 통하여 전달된다고 나는 이해했다. 혼의 권세란 무엇인가? 하나님 말씀의 빛으로 비추어볼 때 이것은 비극적인 변동이 일어나도록 하기 위하여 세상 나라들을 속이기 위해 하나님의 영의 가르침을 받은 신자에게 투영되는 함정의 권세로 보인다.

'혼의 권세'는 오직 동양에만 알려진 주문과 마술에 대한 말이다. 이것은 성자들로 알려진 거룩한 사람들에 의해 훈련 받아 믿는 권세다. 인도에서 성자들은 수 세기 동안 영적인 지도자들이었고 오늘날과 마찬가지로 지나간 세대에 초자연적인 권세를 가졌던 사람들이다. 이것은 사람들의 의지를 통제할 뿐만 아니라 통제할 수 있는 능력을 가지고 있다고 전해진다.

인도인의 마음에 이 말의 효력을 설명하기 위해서는 터키에게 빼앗겼던 모든 것이 회복되는 것을 전제로 공무 협약을 수정하는 것으로 충분하다. 모든 서방 국가들이 협력한 동양의 한 국가가 이룬 거대한 승리는 상상을 초월한다. 인도의 수백만에 의해 믿어지고 주어진 그 진상은 '혼의 권세'라는 단어로 표현된다.

이 '혼의 권세'는 기도와 금식과 종교적 묵상 등으로 수련한다. 이슬람 신도들은 기도하기 위해 이슬람 사원에 모이는 것을 자랑스럽게 여기고 있다. 델리에 있는 거대한 줌마(Jumna) 이슬람 사원에서 기도하는 이슬람 신도들을 주의 깊게 살펴보라. 이곳에는 무함마드를 따르는 수십만 이슬람 신도들이 사원 안에 모여 기도하고 있다. 그리고 사원 밖에서도 큰 군중이 기도하고 있다. '혼의 권세'가 일어나는 곳이 여기다! 인도의 이슬람 사원에 이슬람교에 헌신한 수천, 수만 명이 매일 3번씩 기도하기 위해 모인다. 이슬람교의 숨어있는 샘들이 있는 곳이 바로 여기다. 모든 이슬람 신도들은 세상 권세의 비밀이 기도에 있다고 믿을 뿐만 아니라 믿는 것을 실천한다. 이들은 '기도'하고 있다. 그렇기 때문에 이들은 서방국가들의 협의회가 없어질 것이라고 믿고 있다. 그리스도인들에게 얼마나 중요한 가르침인가!

그리고 인도의 거대한 힌두교 인구 가운데에서 혼의 권세가 어떻게 수련하고 있는가? 무슬림들의 기도 모임은 거대하다. 그런데 헌신적 훈련을 받기 위해 힌두교의 거대한 축제에 모이는 힌두교 인구는 이슬람 인구의 10배가 된다. 힌두교도들은 자랑스럽게 자신들의 신성한 성지를 지적한다. 여기에 수십만 명이 모인다. 알라하바드(Allahabad)의 거대한 매그(Magh) 축제에 수백만 힌두교도들이 7년마다 모인다.

기도-힌두교와 무슬림의 연합된 권세와 동양의 영광을 쇠퇴시키려 하는 서방 나라들에게 투영하기 위한 '혼의 권세'를 일으키기 위해 힌두교와 무슬림을 하나의 공통된 행위로 연합하는 헌신된 훈련!…

펨버가 쓴 책인 『세상의 초기 시대』(*Earth's Earliest Ages*)에 있는 구절이 이 문제에 빛을 비춰 알 수 있도록 한다.

이 지구에 사는 동안 인간은 영이 몸에서 분리된 것처럼 행동하고 있다. '혼의 권세'를 생성시킨 인간은 자신의 영과 혼을 투영할 수 있는 혼의 지배 아래에 몸을 두어야 한다.

이런 권세를 가진 인간은 '노련'하게 된다. 그리하여…다른 사람들의 마음을 알 수 있다. 인간은 자신의 '혼의 권세'로 외부의 영들에 대하여 행동을 취할 수 있다…. 그는 사나운

야생 동물들을 정복할 수 있고 자신의 혼을 멀리 보낼 수 있다. 그리고 멀리 있는 친구들에게 육체적 몸처럼 영적인 몸을 나타낼 수 있다.

이런 능력을 오랜 훈련에 의해 발전시킬 수 있다…. 이 훈련의 목적은 몸을 완전히 정복하고 모든 쾌락과 고통과 이생의 감정들에 냉담하게 되어 몸을 파괴하기 위한 것이다.

인도인의 종교적 삶에 대한 전반적인 취지는 의심의 여지없이 이 혼의 권세들을 발전시키는 것이다. 수십만 명의 사람들이 그리스도의 복음을 알지 못하여 이 세상 신의 인도를 받아 원하는 대상에게 고정되어 혼의 권세를 "투영"하는 열렬한 "기도"를 하는 것은 효과가 있기 때문이다.

"혼의 권세" 대 "영의 권세." 영국에서 이것은 무엇을 의미하는가? 이것은 다음과 같다. 정신적 능력이 발전하는 것과 똑같은 발전이 우리 모두의 주변에서 무의식적인 가운데 일어나기도 하고 의식적인 가운데 일어나기도 한다. 이것은 보이지 않는 악한 권세의 처분에 따라 행동하도록 한다. "영(pneuma)의 권세는 혼(psuche)의 권세에 대항하도록 전열을 갖추고 있다." 하나님의 영이 아닌 인간의 잠재적인 본성적 권세에서 정보를 알아내는 "자연인"을 제외한 "영(pneuma)의 권세"란 무엇인가? 그리고 "혼(psuche)의 권세"란 무엇인가? "영"으로서 하나님 그분의 권세는 성령님으로 나서 영을 따라 걷고 갈보리의 피에 근거하여 하나님께 기도드리는 영적인 사람을 통하여 행동하도록 한다(에로서 계 8:3-5를 참조).

나는 최근에 정신적 능력을 행동으로 이끄는 이 알지 못하는 것이 어떻게 영적인 신자들에게 영향을 미칠 수 있는지를 묻는 편지를 받았다. 편지에는 다음과 같이 써 있었다.

> 나는 막 적의 심각한 맹공격을 통과했습니다. 내 몸 전체가 출혈과 가슴 떨림과 고통과 탈진으로 무너져 버렸습니다. [정신적] '기도'로 나에게 영향을 미쳤던 모든 정신적 능력에 대항하는 기도를 하는 중에 갑자기 이런 일이 일어났습니다. 그리스도의 피의 능력에 대한 믿음으로 나는 이것을 떼어냈습니다. 결과는 놀라웠습니다. 즉시 나의 호흡이 정상으로 돌아왔고, 출혈은 멈추었습니다. 탈진에서

회복되고 모든 고통이 사라졌습니다. 그리고 몸에 생기가 돌았습니다. 그 후로 나는 활기를 되찾게 되었습니다. 하나님께서 일단의 속이는 혼들의 영향을 받은 상태에 빠져 있는 나를 해방하신 것과 나를 위해 '기도'하고 계시는 것을 경험을 통하여 증명해 주셨습니다! 하나님께서는 이 두 가지에서 나를 구원하시기 위해 나를 이용하셨습니다. 그러나 그 외의 것들은 무시무시한 함정입니다….

이것은 지난 몇 달 동안 사람이 살고 있는 지구 전체에 일어난 심각한 고난을 통하여 신자들에게 미친 생소한 위험들에 대하여 알게 된 유일한 예가 아니다. 그리스도인의 기도로 가장한 혼의 권세 아래에 있는 이 세대는 거대한 초자연적인 경험을 하지만, 어떤 면에서는 대체로 악한 영들에게 개방되어 있는 사람들에게 발생한다는 것이 다른 예들을 통해 나타나고 있다. 이 그리스도인 혼들은 어떤 면에서 소위 다른 신자들이 자신들이 경험한 것과 똑같은 경험을 할 것을 집요하게 주장하는 광신적인 영을 얻으려는 것 같다. 그리고 이 사람들이 어떤 방식으로든 이런 경험을 거부하거나, 또는 이런 초자연적인 현시를 경험하는 과정에 있는 사람들의 혼들을 방해하면, 이 그리스도인들의 혼들은 생각하는 대로 그들에 대하여 하나님의 처벌을 받아야 한다거나 또는 이 혼들이 "진리"라 부르는 것에 강제로 양보하는 "기도"를 하도록 한다.

그러나 이것은 그분을 받아들이지 않았던 마을에 들어갔을 때 "주님, 당신은 우리가 명하여 하늘에서 불이 내려와 이 마을을 불살라 없애버릴 수 있도록 하실 수 있지 않습니까?"라고 주님께 말했던 제자들과 아주 흡사하다. 이 질문에 주님께서는 "너희가 어떤 영인지 알지 못하도다"고 대답하셨다. 하나님께서는 결코 혼이 자신의 유익을 위하여 그분을 받아들이도록 강요하신 적이 없으시다. 하나님께서 인간 자신을 구원하실지 구원하지 않으실 지에 관한 선택에 대해 성령님께서는 인간의 책임을 인식하고 계신다.

그래서 우리는 특별한 "축복"을 구하지 않는 사람들에게 관심을 두는 하나님의 종들-진실로 하나님의 종들-에게 진심으로 경고한다. 우리는 이 신자들이 하나님께 헌신하기보다 소위 악한 기도로 인도하는 혼의 권세를 생성시키는 위험에 자신을 개방하지 않기를 간절히 바란다. 어떤 경우든 열렬히 기도하는 모든 사람들은 자신들이 생각하는 것이 곧 "하나님의 뜻"으로 여겨 기도하는 것을 피해야 한다. 그리고 무엇보다도 다른 사람들을 인도하는 "기도"는 절대로 하지 말고, 항상 하나님을 향해 기도해야 한다. 이 세대의 영묘한 풍조를 통해 작용하는 혼의 권세의 위험에서 기도를 통해 그들을 자유롭게 할 수 있다. 한 예로서 어떤 사역자가 이것에 대해 다음과 같이 쓰고 있다.

> 우리는 최근에 이 마을에서 집회를 가졌다. 한 연사가 자신의 초자연적인 경험을 다른 사람들에게 강요하기 위해 나섰다. 이것은 그분의 독특한 '축복'을 구하는 방식이었다. 나는 이런 방식으로 이 주제에 대해 많이 '기도'했고, 기도한 후에 나는 진정으로 응답을 받았다…사람이 원하는 것에 대해 마음을 집중(즉 혼의 권세)하여 하는 기도는 악으로 가득 차 있다….

진실한 영으로 하는 기도는 영에 기원을 두고 있다는 것을 기억하라 그리고 "기도"라는 말로 위장하여 원하는 것에 마음을 집중하는 것은 영으로 하는 기도가 아니라는 것을 기억하라.

2. 오늘날의 세상 문제들

우리의 마지막 이슈인 "혼의 권세 대 영의 권세"에 대한 보고서에 관심을 가진 몇 개의 편지가 나에게 배달되었다. 성직자인 어떤 독자가 이것을 중요도 면에서 신기원적인 것이라고 말했다. 반면에 다른 성직자들은 오늘날의 사탄적 행위가 증가하고 있는 것이 하나님 말씀에 예언되어 있는 고난 기를 향해 세상을 재촉하고 있다는 것을 보여주고 있는 것이라는 것을 입증하는 몇 가지 개인적 경험들을 쓰고 있었다.

그러나 나는 "혼의 권세"의 의미와 오늘날의 발전 가운데 하나님의 자녀들에게 이런 위기가 가득한 이유를 더 밝혀 줄 것을 요청 받았다. "혼의 권세"가 무엇으로 구성되어 있는지, 그리고 왜 이것이 하나님의 진리에 대항하는 마지막 거대한 영적 전쟁 단계에서 어둠의 권세에 의해 지금 이용되고 있는 지에 대하여 분명하게 설명하기 위해 우리는 먼저 성경으로 돌아가야 한다. 하나님의 영의 조명 아래 우리는 "영과 혼"의 주제에 대해 성경에서 배운 것을 찾아볼 것이다.

"혼" 또는 프쉬케(psuche)가 어떤 것이고 이것이 영과 몸과 어떤 관련이 있는지에 대해 앤드류 머레이 박사는 매우 분명하게 설명하고 있다.

인간은 ① **영**, ② **혼**, ③ **몸**으로 구성되어 있다. "영은 우리가 하나님을 인식하는 자리다. 혼은 우리가 자신을 인식하는 자리다. 몸은 우리가 세상을 인식하는 자리다. [신자의] 영에 하나님께서 거하신다. 혼에는 자기가 있다. 몸에는 감각이 있다.

혼과 영 사이의 차이가 가장 중요하다. 마귀가 하나님의 자녀들을 속여서 잘못된 방향으로 이끌 수 있다는 것을 우리가 알지 못하기 때문이다.

성경에 "영"과 "혼"이 동의어로 나타나 있는 구절들이 있다. 그러나 그리스도인이 그리스도의 완전함에 이를 때 "영"이 "혼"을 관통하여 실질적으로 이 둘이 하나가 되는 것을 경험을 통하여 이해해야 이 동의어를 분명히 구분하여 이용할 수 있다.

"하나님은 영이시다." 그리스도께서 "그분을 경배하는 자는 영으로 경배할지니라…"고 말씀하셨다. 타락으로 인하여 하나님과 분리된 영이기는 하지만 모든 인간은 영을 가지고 있다. 하나님의 빛으로 재조명되어 그리스도의 생명을 받아 다시 살아난 것은 "영"이다. 따라서 이런 사람은 "재창조"되거나 또는 위로부터 "났다"(요 3:3, 난외주). 인간 안에는 본질적으로 신성한 불꽃이 없다. 타락으로 인하여 영이 타락하여 중생 또는 새로운 출생이 필요하기 때문이다. 이것이 전체적인 문제의 가장 중요한 핵심이고 학문적 중요성보다 훨씬 더 중요한 점이다. 여기서 실수가 영원한 결과를 가져왔다. 타락으로 인하여 그리스도께서 대신 죽으심으로 중생해야 한다는 "의견"에 대해 의문이 있을 수 없다. 바로 이것이 하나님으로 난 사람들과 그렇지 못한 사람들을 나누는 인류의 근본 원리가 된다. 바로 이것이 마귀의 관심을 받는 점이고 해 아래 모든 "주의"의 근본적인 문제가 된다.

머레이 박사는 "혼"은 우리가 "자기를 인식"하는 자리라고 한다. 이것은 우리의 도덕적이고 지적인 모든 능력들을 포함한다. 그리고 인식은…자주적 결정, 또는 마음과 의지를 포함한다. 아담의 타락으로 발생한 것은 혼(즉 자기)이 하나님과 그분의 뜻과 관련이 있는 것을 영에 양보해야 할 것인지 또는 몸과 보이는 것들의 간청에 따를 것인지를 결정해야 한다. 타락으로 혼은 영적인 법을 거부하고 몸의 노예가 되었다…. 따라서 혼이 육신의 권세 아래 있기 때문에 인간이 육신이 되었다…. 따라서 혼의 모든 속성들이 육체에 속하여 육의 권세 아래에 있다고 그는 쓰고 있다.

이것이 문제를 상당히 분명하게 한다. 혼이 하나님을 섬기는 것으로 나타난다 할지라도, 자연인이 "혼의 권세"를 발전시키고 이용하는 것은 하나님과 분리되어 타락 상태에 있는 동안 모든 "혼의 속성들"을 발전시키고 이용하는 것을 의미한다. 진정으로 거듭난 신자들은 "혼의 능력"이나 "혼의 권세"는 영이 아니라 혼 또는 자기 안에 자원을 가지고 있다는 사실을 직시해야 한다. 그리스도인에게 영은 신성한 거주 장소다. 하나님의 영은 하나님의 목적을 이루기 위해 혼의 본성적인 능력들을 이용하지 않으신다. 그분은 신성해진 혼의 능력들을 하나님의 생명을 표현하는 도구로 이용하신다.

우리가 발견한 이것이 얼마나 중요한지를 머레이 박사는 진지한 말로 다음과 같이 강조하고 있다.

> 교회나 또는 개인적인 종교가 염려해야 할 가장 큰 위험은 혼의 **마음이나 의지의 능력을 가지고** 행하는 무절제한 행위다. '혼'은 오랫동안 많은 사람들을 지배하는 것에 익숙해 있다. 혼은 그리스도께 항복했을 때에도 항복하는 것 까지도 혼의 일이라고 상상한다.
>
> 이 자기(또는 혼)의 영이 너무 교묘하고 강력하여, 육은 혼이 하나님을 섬기는 것을 배울 때에도 여전히 혼의 권세를 주장하고, 영 홀로 인도하는 것을 거부한다. 그래서 자기의 노력으로 종교가 되도록 하는 육은 여전히 영을 방해하고 소멸시키는 거대한 적이다…. 영에서 시작된 것이 아주 빠르게 육에 있는 자신감으로 이동한다.

여기서 우리는 종말에 나타나는 세상의 문제들을 설명하기 위해 인디아에 있는 우리 통신원이 이용했던 말의 의미를 이해할 수 있게 된다. 이것은 사도 바울이 갈라디아서 5:17에서 설명했던 옛 싸움이다. "육신은 성령을 거슬러 욕심을 부리고 성령은 육신을 거스르기 때문이라" 그리고 "그 까닭은 육신적인 생각(mind)이 하나님을 대적하는 것이므로…"(롬 8:7, 골 1:21을 비교하시오). "육"과 "영"은 근본적으로 정반대다. 그리고 자연인이 선천적으로 가지고 있는 마음과 의지 등의 본성적인 권세를 통하여 "육"이 "혼"의 형태로 나타나게 되면 항상 앞에서 말한 그대로 될 것이다. 이것들은 "우상숭배와 마법 [마술적 기술들, Conybeare], 증오와 불화와 진노와 다툼과 폭동과 이단 파당"(갈 5:19-21) 등, 즉 "육신의 일들"에 언급되어있다. 혼의 권세가 하는 모든 행위들은 육의 권세 아래 있다.

그러나 이제 문제를 개인적 경험의 관점에서 보기보다 세상 문제들의 관점에서 보자. 왜 세상의 갈등이 "혼(psuche)의 권세" 대 "영(pneuma)의 권세"의 문제가 되고 있다고 할 수 있는가? 이 원인들을 알기 위해 우리는 다시 에덴동산의 비극으로 돌아가서 아담의 타락이 무엇을 의미하는지 알아야 한다. 그리고 아담의 타락의 의미가 무엇인지 알아서 현재 거의 절정에 달하고 있는 사탄의 목표를 주의 깊게 관찰해야 한다. 우리는 타락의 결과들이 얼마나 깊고 비극적인지를 분명하게 이해하지 못하고 있을 뿐만 아니라, 아담이 타락하도록 한 것을 분명하게 이해하지 못하고 있기 때문이다. 또한 아담이 죄가 없는 상태에서 소유하고 있었던 하나님께서 주신 권세가 사탄이 이용할 수 있도록 개방되었다는 것을 깨닫지 못하고 있기 때문이다.

유혹할 때 이브에게 제공되었던 겉만 번지르르한 미끼는 "너희가 하나님 같이 될 것이다"(창 3:5)였다. 이것은 아담과 이브가 타락하기 전, 죄가 없었던 이 두 사람에게 하나님께서 기대하셨던 바로 그 목표였다. 창세기 1:26에 있는 "모양에 따라"(likeness)라는 말은 "처럼 된다는 것"을 의미한다. 이것은 아담에게 불어넣어진 놀라운 잠재력이 주권적으로 "인간이 창조주[2]처럼 되어" 모든 것을 다스리는 과정에서 발전된다는 것을 암시하는 의미로 여겨진다. 홀로 이 잠재력을 바르게 발전시켜 이용하도록 인도하실 하나님께서 창조하신 이 놀라운 존재를 좇아내는 것이 얼마나 큰 비극인가. 인류에게 유전된 바로 그 잠재적 가능성들이 이제 그분의 적의 손에 여전히 개방되어 있다는 것이 더 큰 비극이다.

수 세기 동안 이 유례없는 타락에 뒤이어 일어난 모든 것을 우리는 이제 추적할 수 없다. 하나님과 인간의 대적이 얻은 자원들을 어떻게 이용하고 있는지 그리고 비정상적인 능력들을 가진 "마법사들과 마술사들"이 악의 권세들과 어떻게 연결되는지를 알고 있다는 것을 암시하는 성경 구절들을 우리는 반복적으로 보고 있다. 이것은 사탄이 완전히 출현하도록 할 사탄의 에덴동산에 대한 목적을 위해 우리가 살고 있는 "말세"까지 남겨두고 있다. 그의 목적은 우리가 살고 있는 온 세상의 법을 획

---

[2] E. McHardie

득하는 것이다. 그리고 우리는 가까운 미래에 비정상적인 능력을 부여 받은 초능력자를 통하여 그가 바라는 바를 획득하게 될 것이라는 것을 듣고 있다. 따라서 놀랍게도 **"혼의 권세가 영의 권세에 대항하여 모일 것"**이라는 이 말이 현재 사실이 되고 있다. 온 세상이 적그리스도의 통치를 받아들일 준비가 되어있다는 것은 타락한 인간의 혼의 권세를 통하기 때문이다. 이것은 한 동안 하나님께서 우주에서 제외되실 것이라는 것을 의미한다. 에덴동산에서 죄가 없는 인간에게 주어진 잠재력이 타락한 상태에 있는 인간이 자신이 "하나님 같다"고 믿어서 사탄의 지배와 교사 아래 이 권한을 행사하는 정도까지 활용될 것이다. 그런데 에덴동산에 있는 죄가 없는 인간에게 이 개발된 잠재력은 지배와 통치권에서 "하나님 같이" 그를 만들었을 것이다. 그래톤 권네스(Gratton Guinness) 박사는 마귀들은 이미 감히 "인간이 지금까지 신께서 만든 모든 속성들을 가지고 있다…"는 것을 말하고 있고, 배교는 "신성한 본성에 참여하는 자가 되는 것만을 당연히 여겨 아담의 타락한 생명이 가지고 있는 부패된 형태를 취하고 있다"고 수년 전에 쓰고 있다.

이것이 놀라운 방법으로 현 시대에 빛을 비추고 있다. 복음에 대한 믿음이 그리스도의 교회를 신봉하는 지도자들 가운데 매우 빠르게 배교로 바뀌고 있다. 이것은 우리가 알아차리지 못하는 사이에 적이 타락한 "혼의 권세"를 선동하여 이용한 결과다. 이 주요한 주제에 대한 다른 방향은 도덕적인 인간이 상상하지 못한 정신적 능력을 "발견"한 "심리학"이다. 이것은 마귀가 거대한 세상적 계획을 수행하고 있다는 생각을 전혀 하지 못하고, "현세의 가르침에 모두 이리저리 흔들리는 어린아이들"과 같이 "간교하게 속이는 유혹의 함정"으로 이끌어(엡 4:14, Conybeare) 사람의 마음을 충족시킨다.

과학적인 사람, 사업적인 사람, 그리고 종교적인 사람을 손에 넣기 위해 책략의 대가인 사탄의 거대한 음모에 대한 얘기는 문서에 남겨져야 한다. 여기서의 계획은 "정신과학"이라는 이름 아래 인간이 "자연 현상"을 "발견"하도록 이끌기 위한 것이라고만 말해두겠다. 이런

"발견" 가운데 몇 가지를 나열한 리스트가 예언서[3] 저자에 의해 주어졌다. 여기에 최근의 예언들이 많이 첨가될 수 있다. 이들이 혼의 영역에서 영에 있는 놀라운 하나님의 생명을 모방하는 방법이 사탄의 책략이라는 것을 알지 못하는 사람들에게는 충격적일 수밖에 없다. 그리고 진실로 "영적"이지만 인간의 테두리에 숨어있는 이 무지한 하나님의 자녀들에게 이런 위험이 있다는 것은 오늘날의 발전과 혼의 권세의 이용을 증대시키는 것에 있다.

3. 종말에 나타나는 정신적 발견들

머레이 박사는 "개인이 두려워해야 할 가장 큰 위험은 혼에 있는 마음과 의지가 하는 극단적 행위다"라고 말하고 있다. 이 위험은 오늘날 정신과학에서 "연구자들"

---

[3] E. McHardie in the "Apostasy" pamphlets.

이라고 부르는 사람들이 이룬 발전을 통하여 수천 배로 증대되고 있다. 이 정신과학은 수많은 사람들이 지금까지 꿈꾸어보지 못한 인간구조에 있는 잠재능력에 대한 지식에 빠지도록 한다. 영을 따라 걷고 하나님의 영이 외부로 흘러나올 수 있는 도구가 되기를 소망하는 그리스도인들에게 심각한 위험이 있다는 것이 사실이다. 거듭나서 자신의 영 안에 하나님의 생명을 받은 사람이 무지하여 하나님의 일까지도 "혼의 능력"을 이용하여 할 것이기 때문이다. 이것은 우리가 아는 것 보다 더 많은 사역에서 일시적인 결과로 설명되고 있다.

그러나 이제 "혼의 능력"이라는 말을 가벼이 여기려고 하는 위험에 대해 객관적인 관점을 갖도록 노력하자. 고 맥하디(McHardie) 부인과 같이 이 주제에 대해 신의 섭리의 관점에서 많은 정보를 준 작가는 없었다. 그러나 그녀의 귀한 책들은 인쇄된 바로 그 순간에 이용할 수 없게 되었고 인쇄는 중단되었다.[4]

---

4) 몇 년 전 이 책들을 읽은 故 루디실(Rudisill) 박사가 저자를 만날 것을 결정했다. 따라서 그는 그렇게 해야 한다는 급한 목적으로

종말이 가까운 이 시대에 창세기의 권위를 떨어뜨리려는 마귀의 노력으로 창세기가 완전히 논쟁거리가 되고 있다는 것은 주목할 만하다. 이유는 의심의 여지없이 창세기가 타락과 구원의 복음에 대한 기본적인 진실을 포함하고 있을 뿐만 아니라 현재의 모든 문제에 대한 열쇠를 가지고 있기 때문이다. 지금의 경우에 그렇다. 우리가 이미 지적했듯이, 이브에게 겉만 번드르르한 유혹이 있었다. 에덴동산에서 이브에게 제안한 유혹은 "너는 하나님 같이 될 것이다"였다. 이것은 하나님께서 인간을 창조하실 때 마음에 품으셨던 바로 그 목적과 같은 것이었다. 우리가 취해야 할 요점들은 다음과 같다.

애버딘(Aberdeen)까지 긴 여행을 했고, 집 꼭대기에 있는 원룸에서 혼자 살고 있는 헌신적인 여류작가를 찾았다. 이때 그녀는 자신의 메시지를 펴내는 인세로 살고 있었다. 루디실 박사는 히브리어와 헬라어에 능숙한 학자로 그녀를 참다운 성경지식(Biblical knowledge) 백과사전에서 찾았다고 말했다. 후에 그녀는 자신의 일을 이어갈 사람도 없이 심장 발작으로 요양원에서 사망했다. 이 책들의 전면 삽화들은 그녀가 사망한 후에 나에게 제공되었다. 그러나 그 당시에 나는 이것으로 이익을 얻지 못했다. 이 보고서에 내가 설명하는 것들은 맥하디(McHardie) 부인의 저서에서 발췌된 것들이다.-J.P.L.

1) 이제 "육체적 연구"로 빛을 받게 된 바로 그 혼의 성품이 교제를 발전시킬 목적을 위해 그리고 하나님의 목적을 위해 죄 없는 아담 안에 있었다는 것이다.

2) 마귀는 죄 없는 아담 안에 있는 이 잠재력에 대해 알았고 하나님의 다스림 아래에서가 아니라-따라서 이브를 유혹함-마귀 자신의 통제 아래 행하기를 원했다는 것이다.

3) 아담에게 영적으로 하나님과 분리되는 무서운 일이 일어났을 때 이 모든 잠재적인 권세들이 그에게 엄습해서 마귀의 통제에 개방되게 되었다는 것이다.

앞에서 우리는 책략가인 사탄의 거대한 음모를 설명했다. 사탄의 음모는 ① 과학적인 사람들, ② 사업하는 사람들, ③ 종교적인 사람들을 사로잡기 위한 것이었다. 이것은 영매를 통제하는 악한 영들의 관리 아래 있는 영매에 의해 알려지게 되었다. 그때까지 통제하는 영은 "인간의 속성에서 흠이 되지 않는 부분"과 약간의 예외를 가진 초연한 과학자들을 성공적으로 감동시킨 것을 말했다. 우리는 현재 "자연과학"에서 "연구"라는 허울 좋은 구실을 통해 거대한 속임에 걸려든 수많은 과학자들 가운데에서 그 결과들을 보고 있다.

이 심령주의 교리의 역사에서 우리가 배운 것은 1778년경에 안톤 메스머(Anton Mesmer)가 사람[5]과의 대화 문제를 극복하기 위해 영들을 움직일 수 있는 향상된 조건을 갖춘 첫 단계인 오늘날 "최면학"이라 불리는 것을 발견하여 행했던 것이다. 메스머에 이어 우리는 거의 믿을 수 없는 현상이지만 개심자들의 숫자가 지속적으로 늘었다는 것을 읽는다. 그러나 이것은 메스머가 과학자의 위치를 취했던 때였고, "자연현상"을 연구하기 위해 과학적인 세계에 호소했던 때였고, 그리고 자신이 "발견"한 것에 대해 그 시대의 "가장 과학적인 사람들의 무조건적인 승인"을 원한다는 것을 선포한 때였다. 가장 과

---

[5] 즉 127페이지에서 설명했던 "숙련자"의 길고도 어려운 훈련은 별도이다.

학적인 사람들의 무조건적인 승인은 뒤를 잇는 과학자들을 붙잡기 위한 사탄의 계획이었다. 심령 현상 연구자들은 최면학이 "(기독교 과학을 포함하여) 모든 정신과학을 난도질한 암석"이라는 것을 인정하고 있기 때문이다.

인간 조직에 있는 신비한 잠재적 능력에 대한 기본 지식에 대해 메스머가 얻은 결과인 "발견한 것들" 가운데 몇 가지는 일단 인간들이 열쇠를 얻으면 정말 놀랍게 발전된 움직임을 보여준다는 것이다. 1784년에 최면학의 한 생도가 최면술적 수면 결과 "투시력"을 발견하여 우연히 "마음 읽기"를 하게 되었다. 그 후에 고대의 책들은 더 많은 지식을 추구하게 되었고, 이 "자연의 신비"가 이미 소수에게 알려지게 되었다. 그러나 메스머와 그의 제자들을 통하여 전진적인 운동이 일어나고 있었다. 그런데 이 운동은 결국 세상을 다시 어둠속으로 침몰시킬 것이다. 마음이 인간의 몸 밖에서 행동할 수 있고 "민감한 정신 측정"을 할 수 있도록 한 최면학, 신경병학, 정신 측정학과 같은 책들과 그 외에도 수많은 "발견들"이 수년 동안 계속되었다. 그 후 의지에 의해 만들어진 독특한 상태를 나타내는 "스태투볼리즘"(Statuvolism)이라 불리는 것을 발견하게 되었다. 스태투볼리즘 심취자는 멀리 "자신의 마음을 던져서" 거기서 일어나고 있는 것을 보고, 듣고, 느끼고, 냄새를 맡고 맛을 볼 수 있다. 그 후 1847년경에 한 신앙 부흥사가 그 "신들린 상태"를 탐사하는 일에 헌신하기 위하여 사역을 그만두게 된 "다신교"라고 불리는 것을 발견했다. 많은 사람들이 그의 강의에 자석에 이끌리 듯 깊은 영향을 받게 되었다. 이 발견자는 신들린 상태를 "인간의 생명에 유전된 자기 유도" 능력이라고 생각했다. 마음은 이것을 이용하여 고통이란 의식에서 벗어나 질병을 치료할 수 있다고 주장했다.

맨 처음 과학적인 사람들은 이 "발견들"을 단순히 자연과학의 가지들로 여겼고, 이 현상과 영적 대리자를 연결하려는 시도는 없었다. 모든 가르침과 교리는 영들에 의해 조심스럽게 제지되었다.

그 후 오늘날 매우 폭넓은 규모를 자랑하는 "사업적인 사람들"을 붙잡는 음모가 발전하기 시작했다. 계획은 이 "발견들"을 사업과 추구하는 것들을 성공하기 위해 어떻게 실용적인 근거를 마련하여 보여주느냐는 것이다. 결국 거대한 광고를 통하여 "내면의 능력"을 발전시키는 방법을 보여주는 책들이 나왔다. 모든 곳에서 친구를 잘 사귀고 "강하고, 매력 있는 성품"을 발전시키기 위해 "마음의 능력"이나 또는 정신적 매력[6]을 이용할 것을 사업가들에게 촉구했다.

그런 후에 "종교인들"에게 이르기 위한 음모를 성공시키기 위해 더 발전적인 노력이 이어졌다. 이것이 얼마나 성공적이었는지는 성경에 대해 합리적인 관점, 특히 마귀의 모든 가르침 가운데 가장 무거운 짐이었던 그리스도의 희생적 죽음에 이의를 제기하는 마귀의 가르침을 흡수한 전문 기독교 선생들의 참담한 사태에서 볼 수 있다.

---

6) 이 부분의 음모는 오늘날에도 급속히 발전하고 있다. 한 통신자가 나에게 미국에서 성품의 능력, 또는 자기 마스터, 창조적 능력, 또는 건설적인 능력, 믿음의 능력, 또는 영감을 주는 능력, 재생의 능력, 또는 기운찬 회춘 등등의 제목 하에 책들을 광고하는 넘쳐나는 광고지들 가운데 몇 개의 복사본을 나에게 보내주었다.

사탄의 속이는 영에 의해 이 비열한 수단으로 공격하는 교묘한 역사가 이제 최고조에 달했다. 우리는 각계각층의 지도자들이 얼마나 적에게 붙잡혀 있는지 알 수 있다. 그 책략은 훌륭했다. "과학자들"은 그 길로 인도되었다. 이제 인간이 거주하는 전 세계를 속이는 자는 "종교인들"을 소위 거짓 과학에 복종하도록 하여 잘못된 길로 인도하고 있다.

우리는 의심의 여지없이 예언되었던 믿음으로부터 "멀어지는" 절정기에 이르렀다. 이 기세는 빠르게 증가하고 있다. 하나님과 인간을 대적하는 대적의 손이 지휘하고 있다. 세상은 어둠의 시간을 향해 달리고 있다. 잠깐 동안 사탄이 실제로 지배하는 "이 세대의 신"이 될 때, 이내 슈퍼맨의 "재림"을 통한 통치가 임할 것이다.

오늘날 보조를 맞추기 힘들 정도로 "발견"에 발견이 이어지는 광고들을 일간 신문에서 볼 수 있다. 예를 들어 정신분석학은 이제 "과학"으로 인식되고 있다. 이것은 "불필요할 정도로 불결한 것에 손을 댐"으로서 교회법을 미약하게 설명하고 있다. 그리고 "선생들"은 아주 잘 보이는 곳으로 나오고 있다. 그런데 이들은 진실한 그리스도의 복음에서 경솔하게 떠나도록 이끄는 광기 어린 정신적 회오리바람에 어떤 신선한 "가르침"을 주고 있다고 생각하는 사람들이다.

"노아 시대"가 그 세대에게 말했던 의미를 알고 있는 사람들은 현재의 정신적 흐름의 목적을 분명히 알 수 있다. 모든 육을 파괴하기 위한 홍수가 그 종족을 보호하기 위해 필요했다. 그 종족을 보호하기 위해 필요했던 한 가족은 널리 퍼져 있었던 타락에 물들지 않은 깨끗한 가족이었다. 정신과학의 모든 단계들이 그리스도인이 그리스도와의 연합에 대한 모조품으로서 **보이지 않는 존재들과 연합**한 점까지도 그리스도의 복음의 견지에서 확실한 대용품이라는 것이 결국은 알려지게 될 것이다. 이 흐름이 빨라짐에 따라, "노아 시대와 같은" 타락에 이르도록 하기 위해 사탄의 모든 목적들 가운데 주요한 목표는 과학의 발전이라는 것이 결국 알려지게 될 것이다.

하나님의 자녀들은 이제 자신들의 안전을 위해 "영"과 "혼"의 차이를 알아야 한다. 이들은 다른 사람들의 개인적인 문제들을 다룸에 있어 **내재하신 성령님의 권능**에 의지하여 이런 혼들을 십자가의 구원으로 이끄는 대신 무의식적으로 정신분석학을 이용하고 있다는 것을 알아야 한다. 맞다. 그리고 성령님에 의해 다시 살아나신 주님과 실질적인 생명의 연합으로 옛 아담의 생명에 지속적으로 십자가를 적용하는 깊은 역사가 없다면, 마귀에 대항하는 "전쟁"에서 혼적 능력의 발전이 실질적으로 일어날 수 있다.

오늘날 "혼적 능력" 대 "영적 능력"은 전쟁을 하고 있다. 그리스도의 몸은 내재하는 성령님의 에너지로 천국을 향해 전진하고 있다. 세상의 상황은 정신적 흐름으로 복잡해지고 있다. 이런 상황 뒤에서 공중의 적들이 모이고 있다. 하나님의 자녀에게 유일한 안전은 그리스도와 연합한 생명에 대한 경험적 지식이다. 그리스도와 연합된 생명 안에서 그 또는 그녀는 공중의 권세 잡은 자가 파멸시키는 일을 하는 그 악한 공중 위에서 하나님 안에 그리스도와 함께 거하고 있다. 깨끗하게 하는 그리스도의 피, 죽음으로 일치가 된 그리스도의 십자가, 다시 살아난 능력, 지속적으로 선포되는 성령님에 의해 승천하신 주님을 붙드는 것이다. 이것들만이 승리를 통하여 승천하신 머리와 연합하기 위해 몸의 지체들을 이끌 것이다.

4. "아들은 홀로 아무것도 할 수 없다"[7]

영에 근원을 둔 것이 "영의 능력"이 되듯 "혼의 능력"이란 의미는 혼에 근원을 둔 것으로 간략하게 정의될 수 있다. 혼은 영과 혼의 일을 완성시키는 중간자다. 혼의 능력은 혼의 기능들을 통하여 나타나고, 영의 능력 또한 혼의 기능들을 통하여 나타난다. 이것을 있는 그대로 설명하자. 세 부분을 그려보자. 하나의 큰 원 위에 작은 원을 2개 그린다. 가장 위에 있는 것에 "영", 중앙에 있는 것에는 "혼", 그리고 가장 아래에 있는 것에는 "몸"을 표시하라. 그리고 화살이 영에서 시작하여 혼을 거쳐 밖으

---

7) 컨퍼런스 인사말. 이것은 앞의 기사들에서 설명한 "영"과 "혼"의 차이라는 아주 단순한 말로 설명함으로써 특히 여기에 주어졌다.

로 향하도록 그려라. 이것은 인간의 영에 계시는 성령님이 혼에 있는 기능들을 통해서 외부로 나타나는 것을 암시한다. 화살표를 몸에서 시작하여 위쪽에 있는 혼으로 가서 다시 외부로 향하도록 그려 보아라. 이것은 몸과 혼의 기능들이 외부로 나타나는 것을 의미한다. 이 두 화살표를 볼 때, 첫째, 여러분은 혼을 북돋우는 하나님으로부터 오는 영의 권능을 가지고 있고, 둘째, 여러분은 혼에서 외부로 향하는 육에서 생긴 혼의 능력이나 권세를 가지고 있다. 중심적 기능으로서 혼은 영적 능력과 혼적 능력의 중간자이다. 우리는 열매에 의해 어떤 능력이 행동으로 나타났는지를 말할 수 있을 뿐이다(마 7:16-17을 보라.)

혼의 능력인 혼의 권세는 혼에 근원을 두고 있다고 이미 말했다. 더 정확히 말하자면, 이것은 몸 또는 육신적 생명에서 발원한다. 성경은 이것을 "육/육신"이라 부른다. 오늘날의 위대한 발견은, 예를 들면 우리 조상들이 결코 꿈꾸지 못했던 혼에 있는 능력들을 발견한 것이다. 이 능력들이 육체적으로 보이지 않을지라도 분명 "영"

이 아니라 "육"에 기원을 두고 있다. 중생한 영이 내재하는 성령님의 권세로 다스림을 받기까지 혼은 육의 권세아래 있기 때문이다. 그분은 혼의 기능들을 통제하면서 이용하기를 원하신다. 예를 들어 혼에 있는 기능들 가운데 하나인 마음이 기운을 받아 혼의 능력으로 움직일 수 있고, 또는 성령님에 의해 새롭게 된 인간의 영을 통하여 힘차게 행동할 수 있다. 오늘날의 위험은 영의 영역에 있는 모든 것을 혼의 영역에서 모방하는 것이다. 무지하여 이 정신적 능력들을 영적인 것이라고 생각하며 발전시키고 이용하고 있다. 그러나 그리스도께서 "살아나게 하는 것은 영이다"고 말씀하셨다. 여러분의 영을 통하여 성령님으로부터 오는 것만이 하나님께 기원을 두고 있다. 혼에 있는 잠재능력들을 신성하다고 생각할지라도 신성하지 않다. 예를 들어 설명해보자. 어떤 분이 "치유의 은사"는 혼에 있다, 은사는 받은 사람들에 의해 개발되어야 한다"고 말했고, 한 성직자는 "이 권세를 때로는 '육체적 매력'으로, 때로는 '정신적 권세'…로 말하고 있다. 하나님께 헌신되었을 때 이 권세가 '성령님의 선물'이 된다…"고 쓰고 있다. 그러나 분명히 성령님의 진정한 은사들은 영이신 하나님으로부터 와서 혼이 아닌 영을 거쳐야 한다.

"성령 세례"를 받았다는 신자가 증거로서 "징후"를 찾는 것과 관련하여 볼 때, 이것을 찾는 방법들이 메스머리즘(최면술)적 방법과 동시성을 가지고 일어난다. 따라서 모조품들이 진실한 그리스도의 교회에 들어왔다. 다른 경우들을 볼 때, 성령님께서 신자들의 영에 진정으로 유입되셨다. 그 후 이들은 무지하여 인간의 조직에 있는 잠재적인 정신적 능력을 발전시켜 자신들의 삶과 하나님을 섬기는 일을 혼동하게 되었다. 예를 들어 합창단이 반복적으로 찬양을 하면, 지적인 사고나 또는 의지적 결단을 통한 행동으로는 불가능한 심령 상태를 접할 수 있다.

따라서 세상에 있는 정신적 능력의 압도적인 흐름 위에서 오늘날 마귀들은 자신들의 계획과 목적들을 수행하고 있다. "살리는 것은 영이다, 육은 아무 이익이 되지 않는다." 하나님의 모든 자녀들은 설교, 가르침, 봉사 등과 같은 섬기는 일에서 성령님 또는 우리가 말하고 있는 정신적 능력의 지배를 받는다. 중생한 것은 영이다. "새 영을 너에게 주노라."

포세트는 다음과 같이 말하고 있다.

> 영은 성령님께서 거하시는 성지이고, 그분에서 일하시는 기관이다. 그분께서 들어오셔서 영을 새롭게 하시고 거기에 거하시면, 그분께서 마음을 새롭게 하시고 재능 들에 대한 지배권을 갖는다. 그분께서 역사하실 수 있도록 우리가 조건들을 충족시킬 때, 우리는 모든 행동을 "영"에 초점을 맞추어 한다. 영적인 자극을 받은 모든 것은 영적 특징을 가질 것이다. 모든 기능들이 변화될 것이고, 살아날 것이고, 고양될 것이다. 신자는 "새로운 사람"이 된다. 새로운 사람이 될 뿐만 아니라 자신의 영에 하나님의 생명을 가진 존재가 된다. 마음을 새롭게 하여 때가 오면 혼란스러웠던 생각이 사라지고, 마음이 깨끗하게 된다.

"육은 아무 이익이 되지 않는다." 이 말은 진정으로 영적인 일에 맞는 말이다. 육이 혼에 있는 육적 생명을 통해 활동한다면, 아무 열매가 없을 것이다. 수고한 것에 대해 아무 열매가 없다! 이유는 본성적 생명에 의해 고무된 "혼"이기 때문이다. 따라서 "아무 열매도 생산하지 못한다." 많은 수고를 했지만 열매는 없다! "육"이 아무것도 생산하지 못한다면, 혼적 능력 또한 아무것도 생산하지 못한다는 말씀은 아주 공평하다.

요한복음에 있는 몇 개의 구절들을 살펴보고 주님 그분과 죄가 없는 주님의 "권세"에 의지하는 것과 관련하여 주님의 태도에 대한 주님의 말씀을 주의 깊게 관찰해 보자. 우리 주님은 "그분의 살을 먹는 것"과 "그분의 피를 마시는 것"에 관하여 말씀하셨다(요 6:53-58). 그리고 그분의 제자들이 이것은 "어려운 말"이라고 말했다. 이것은 "육은 아무 유익이 없다"고 주님께서 말씀하셨던 영적 진리에 대한 이해와 관련되어 있었다. 이것은 육체적인 사람들과 성령의 것들을 받아들일 수 없는 본성에 속한 사람들에게는 매우 "어려운 말"이다.

"아들이 홀로 아무것도 할 수 없다"고 주 예수 그리스도께서 말씀하신 것을 읽는다는 것이 얼마나 놀라운가! 어떤 경우에도 그분은 자신의 행위의 근원이 아니었다. 그분은 아버지께서 하시는 것을 본 것만을 말하고 행하셨다. "내 안에 계시는 아버지께서 그분의 일을 하신다." 측정하건데, 그분으로부터 온 것과 우리자신에게서 온 것을 우리가 분별할 수 있을 때까지, 모든 걸음에 꾸준히 그분의 인도하심을 기다려야 한다. 그 후에 우리는 하나님께서 우리의 모든 말과 행동에 함께 역사하신다는 것을 알게 될 것이다.

주 예수님께서 다시 말씀하셨다.

> 나는 들은 대로 판단한다.
> 나는 사람의 존경을 원하지 않는다.
> 나는 내 뜻을 행하기 위해 오지 않았다.
> 나는 나의 영광을 추구하지 않는다.

이것이 그분께서 취하신 태도다. 그리고 이것은 우리가 취해야 할 태도이기도 하다. 온전히 하나님께 의지하는 태도다. 다시 주님께서 "아버지께서 이끌어 주시지 아니하시면 아무도 내게 올 수 없다"(요 6:44)고 말씀하셨다.

오늘날 하나님의 자녀들에게 미칠 위험은 정신력 개발이고, 이 정신력의 발전에 하나님의 자녀들이 무지하다는 것이다. 심리학에 대한 가르침이 널리 퍼짐에서 오는 공포도 있다. 하나님의 자녀들은 이제 정죄, 회개와 중생에 의해서가 아니라 정신 수단에 의하여 "연약함"에서 구원되었다. 하나님의 자녀들은 자신들에 대해 심리학적 견해를 가지지 않도록 조심해야 한다. 그리고 한편으로 하나님을 신뢰하면서 영과 혼과 몸의 "규칙들"에 너무 빠져 일상생활에서는 성령님, 즉 그리스도의 것들을 취하여 우리에게 보여주는 일을 하시는 그분께 의지하는 것을 잊게 된다. 오늘날의 거대한 초자연적인 운동에는 광대한 양의 정신력이 있다. 나는 막 외국에서 온 편지 한 통을 받았다. 이것은 거대한 치유 운동에 관하여 쓴 편지였다. 편지에는 "이것은 모두 생명을 잃은 패배다. 수천에 수천을 거듭하는 사람들이 계속 왔지만, 이것은 패배일 뿐이다. 사람들에게 '손을 얹고 기도'하는 지도자가 담배를 피우고 위스키를 마신다면 이 지도자에게 무엇을 기대하겠는가!"라고 써있었다.

끝으로 그리스도인의 삶에 혼의 능력이 얼마나 위험할 수 있는지에 관하여 몇 가지 관점을 말하겠다. 의지와 관련된 혼의 능력이 있을 수 있다. 주님께서는 자유

의지를 주셨고 의지를 고무하신다. 그러나 의지는 육에 의해서가 아니라 성령님에 의해 고무되어야 한다. 혼의 능력은 의지적 기도자가 될 가능성이 있다. 의지를 고무하는 혼의 능력을 통하여 다른 사람에게 가혹하게 하는 인간의 의지력이 될 수 있다. 이 위험을 알지 못하여, 어떤 신자들은 이러 이러한 사람은 이것 또는 저것을 "해야 한다"고 말하며, 기도하고 있는 사람에게 자신들의 생각을 투입시킨다. 혼의 권세로 하는 기도를 피하기 위해 우리는 항상 하나님께 나아가는 기도에 주의해야 한다. 모든 기도는 하나님을 향해야 하고 결코 주님께 어떤 사람을 위해 어떤 것을 할 것을 말해서는 안 된다. 우리는 하나님께서 그들이 무엇을 해야 할 지 인도해 주실 것을 기도해야 한다. 우리가 하나님의 뜻이라고 생각하는 것을 그들이 "해야 한다"거나, 또는 우리가 틀렸다고 생각하는 것을 그들이 해서는 "안 된다"고 말해서는 안 된다. 우리는 한 몸의 지체들이다. 그러나 우리는 하나님께만 책임이 있는 개인들이고, 그분 앞에서 우리는 서거나 또는 넘어진다.

이렇게 볼 때, 예배를 정신력으로 드리는 위험이 있다. "하나님은 영이시다. 그분께 경배하는 자들은 진리와 영으로 경배해야 한다"고 주님께서 말씀하셨다. 그렇다면 교회에서 모든 감각적인 것들을 교화시키는 것은 어떤가? 일주일 내내 세상적인 삶을 살고 있는 사람들이 왜 주일날 교회에 간 것만으로 그렇게 행복해 하는가? 음악과 다른 것들의 영향을 받아 이들이 행복하고 위로를 받은 것은 아닌가? 이들의 감정은 진정되었는데, 문제는 이들이 진정으로 정죄를 받고 중생했는가? 이다. 교회가 음악을 이용하는 것이 잘못인가? 절대 아니다. 찬양으로 하나님께 경배할 수 있다. 그러나 로마 가톨릭 교회 예배에 있는 정신적 요소들을 생각하라! 앤드류 머레이 박사는 혼에서 하는 일상적인 행위들이 쉽게 경배에 들어온다는 것을 지적하고 있다. 그는 사람들이 어떤 죄에서 승리하지 못하는 이유가 자신들의 종교적인 부분에서 혼의 삶에 양보하기 때문이라는 것을 생각하지 않는다는 것을 덧붙여 말하고 있다. 이들은 경배에서 자기(육)에게 양보한다. 따라서 육체적인 죄들이 활동적이 되어 의심하지 않고 관대하게 된다. 이들은 "육"을 제거했다고 생각하여 왜 이것들이 남아 있는지 이해하지 못한다. "죄"의 능력은 하나님을 혼으로 경배하는 행위에 있다. 이것은 종교적 생활을 위장한 "육"이다. 먼저 다루어져야 할 것은 하나님에 대한 우리의 접근이다. 그분께서는 진리와 영으로 경배를 받으셔야 한다. "아버지께서는 그분을 경배하는 자들을 찾으시기 때문이다."

영적인 신자들에게 닥친 현재의 위험은 혼적 능력이다. 모든 방면에 막대한 영향을 미치고 있는 사고의 흐름들이 있다. 많은 사람들이 이것들에 붙잡혀 있어서 이런 흐름들에 대항하여 방어하지 못하고 있다. 당신과 현재 잘못을 저지르도록 하는 모든 환경적 영향으로부터 오는 것들이 무엇인지 질문함으로, 당신은 그리스도께서 죽으실 때 당신 자신도 함께 죽었다는 것을 인식함으로 이것들에서 확실하게 벗어날 수 있다.

우리 마음이 진정으로 새롭게 되었는지 자신에게 물어보자. 우리 마음이 하나님의 영으로 교화되어 고무되고 있는가, 아니면 우리는 본성적인 사람의 마음을 가지고 있는가? 오늘날의 합리주의는 지적인 토론으로 대처해서는 안 되고, 영적인 능력과 기도로 대처해야 한다. 주님이 영을 따라 걷는 방법과 영적으로 사는 방법을 우리에게 가르쳐 주시도록 기도하자. 새로워진 마음으로 우리는 영과 혼의 차이를 분별하는 것을 배울 수 있다. "하나님의 말씀은 예리하고 권능이 있어서…영과 혼을 구별하기 때문에", 혼적인 삶이 십자가로 처리될 때 우리가 "영적"으로 될 수 있기 때문이다.

5. 육신적인 것들을 "영적인 것들"이라 부르다

요한계시록 13:5에 용에 의해 고무된 "짐승"에 대한 언급이 있다. 이 짐승은 "신성모독"을 하도록 허용되었을 것이다.

그가 입을 벌려 하나님을 대적하며 모독하되 그분의

이름과 그분의 성막을 모독 하더라…(계 13:6).

이렇게 예시된 모든 특징들이 지금 적그리스도의 출현과 함께 매우 빠르게 나타나고 있다. "창세로부터 죽임을 당한 어린 양의 생명 책"(8절)에 이름이 기록되어 있는 사람들을 보호하기 위하여 이것들의 정체를 밝히는 것이 아직은 어렵다.

특히 마귀의 교리와 마귀의 권세를 전하기 위해 그리스도의 복음 가운데 가장 신성한 요소들 몇 가지가 하나님을 신성모독 하기 위해 도용되고 있다는 것이 더욱 명백해지고 있다. 신성모독의 절정은 분명히 마지막 만찬이 "정신적" 권세 덕분인 것처럼 하여 마귀들의 만찬이 되도록 만들어질 때일 것이다. 마지막 만찬은 그분이 오실 때까지 그분의 죽음을 미리 보여주기 위해 마련된 것이다. 신부가 써서 출판된 책[8]에서 "정신적 재능을 개발"하는 사람들은 이것을 분명 "성찬의 과학"으로 말하고 있다. 아마 "성직자"는 "사람들에게 그분[주님의]의

---

8) Theosophical Publishing House 출판사에 의해 1922년에 출판되었다.

'권세'를 분배하는 담당자인 것 같다. "신부들이 성직자의 옷 안에 재산을 축적" 하듯이 "바로 자신의 몸 안에서 이 "권세들"이 변하거나 또는 유형화된다. 또한 "십자가들과 촛대들로부터 그리고 재단 위에 마음을 끄는 돌들로부터 지속적이고 활기찬 권세가 방출"된다.

> 특히 향이 이용될 때는 항상 많은 거룩한 천사들이 참석하고, 그들로부터 끊임없이 흘러나오는 놀라운 권세가 수행자들이 수행하면서 입은 복장이 닳아서 헤질 때 회중을 사로잡아 이용한다….

이 『성례의 과학』을 가르치는 이 책 저자는 이 "신성한 권세"는 "명백히 과학적으로 사실이다"라고 말한다. 이것을 "흔히 하나님의 은혜로 말하고" 있고, "전기나 또는 증기만큼 분명"하다고 주장한다. 사실 이것이 "혼과 마음과 감정들에 작용할 때 훨씬 더 강력해진다."

모든 면에서 "정신적"이란 단어를 종교적 가르침과 관련하여 듣게 될 것이고, 신앙을 고백하는 교회의 지도자들로부터 쉽게 듣게 될 것이다. 예를 들어 [스코틀랜

드] 칼레도니아의 대주교가 영어 문서에 "위대한 발견은 정신세계에서 이루어지고 있다"고 쓰고 있다.

> 우리의 정신적인 영은 하나의 유한한 공간에서 물질적 경계로 제한받지 않는다. 우리의 영은 몸 안에 있건 또는 몸 밖에 있건 다른 영들과 함께 합체될 수 있다. 이것이 영의 교제다….
> 심리학의 가르침을 받은 현대의 제자는 그분의 모든 좋은 성품과 그분의 영의 모든 권세 안에서 주의를 그리스도께 기울인다. 이 완벽한 사람을 통하여 그는 무한하신 하나님과의 교제에 들어갈 수 있다. 이것이 영의 교제다….
> 유한한 감각을 가지고 있는 인간의 각 마음은 인간의 마음인 동시에 우주적 마음의 일부다. 성격을 가지고 있는 인간의 각 영은 인간의 영인 동시에 우주적 영의 한 부분이다….

육신적인 것으로 "영적인 사람들"이라 부르는 두려움이 최신 문학에서 따온 이 인용문들 가운데 놀랍게 나타나고 있다. 성경에 드러나 있는 대로 "영"과 "혼"의 차이를 다시 한 번 강조하자.

"정신적"이라는 단어는 헬라어의 프쉬케(psuche)에서 유래되었다. 이 단어가 신약성경에서 영어로 "생명" 또는 "생명들"로 40번 번역되었고 "혼"으로 58번 번역되었다. 이것은 "육체적 생명" 또는 "육체적 본성"이라는 의미라고 렉시컨(lexicon)사전에서 말하고 있다. 이것은 본성적인 생명에 따라 "혼"을 움직이는 사람을 설명하고 있다.

"살아있는 혼"으로 만들어진 "첫 사람"은 분명히 "흙으로" 만들어졌다고 전해진다. "두 번째 사람"은 "하늘에서 온 주님"이시다(고전 15:47-48).

"프쉬케"의 본성이 "영"과 반대된다는 것이 고린도전서 2:14에 분명히 다시 나타나있다. 여기서 이것은 "본성[psuchikos]에 속한 사람은 하나님의 영의 것들을 받아들이지 아니하나니 그 까닭은 그것들이 그에게는 어리석은 것이기 때문이요, 또 그가 그것들을 알 수도 없나니 그 까닭은 이러한 것들이 영적으로 분별되기 때문이라."고 쓰여 있다. 카니베어(Conybeare)는 "틀림없이" 이 "정신적인" 사람은 "영적인 원리를 구별하는 정도로 애니마(anima, 살아있는 원리)를 부여한다고 생각하는 사람"

이라고 각주에서 말하고 있다. 그는 '육체적인 사람"이 최상의 번역이었겠지만, 이 단어는 영어로는 약간 조악하다고 덧붙였다.

따라서 오늘날 발전되어 상당히 앞서 있는 "정신적인" 능력은 "영"이 아니다. 왜냐하면 이것은 완전히 인간의 타락한 본성에 속하기 때문이다. "정신적 재능"의 발전이란 "자연인" 안에서 휴면 중에 있는 가능성들 가운데 어떤 것들을 행동으로 끌어내는 것이다. 성직자의 바로 그 몸 안에서 "유형화하고 축적"하는 『성례과학』 (*Science of the Sacraments*)의 저자가 언급한 "능력들"은 하나님의 거룩한 영에서 온 것이 아니라 "본성적인 능력들"이다. 이것들은 성경의 가르침대로 "하나님의 은혜"를 구성하지 못한다.

아마 정신적 또는 혼적인 능력들을 충분히 개발하기 위해 초자연적인 능력을 요구하게 될 것이고, 타락 이래 이 초자연적인 능력자는 하나님이 아니라 사탄일 것이다. 만일 그렇다면, 근래에 많은 하나님의 자녀들의 초자연적인 경험들에 설명할 수 없을 만큼 사탄의 역사들이 많이 유입되고 있다는 것이 분명하다. 이것은 또한 하나님의 권능이라고 생각되는 "침례의 권능"이 깊은 겸손과 영의 깨어짐과 혼의 부드러운 사랑과 자기 부인 대신훈련으로 강화된 개인의 강한 능력들과 함께 분명히 "자기본위"를 발전시키는 결과를 낳을 수 있다는 이유를 설명하고 있다.

다시 한 번 하나님의 말씀이 오늘날의 이런 새로운 위험성들을 방지하기 위한 대답이 되고 있다. 기독교 잡지에서까지 되풀이 되고 있듯이 사방의 외침은 "성품 개발"과 "의지 강화"다. 그러나 정신적 또는 혼적 삶과 관련하여 주님은 어떤 가르침을 주시는가? 십자가를 향해 가시는 길에서, 그분은 그분을 따르는 사람들에게 이것(혼)을 "영원한 생명"에 맡기기 위해 자신들의 십자가를 지고 "정신적"(psuche) 삶을 "버리거나" "미워하라"고 명하셨다. 다시 한 번 영과 혼의 차이가 열쇠가 된다. 우리가 살펴보았듯이, "혼"은 인간의 영을 통하여 하나님의 영의 지배를 받아서 위로부터 생명을 얻거나(요 3:3, 난외주), 또는 더 낮은 영역, 즉 행동으로 이끌고, 혼히 영적이라고 잘못 생각하는 잠재적인 혼의 능력들인 몸으로부터 오는 육신의 생명에 의해 지배를 받아 움직이게 된다. 첫 번째 경우, 하나님의 영의 지배를 받은 사람은 영적인 사람이고 그의 "혼"은 "구원"을 받았다. 두 번째 경우, 이 사람은 "육신적인 혼"이고 그의 혼은 빼앗겼다. "자신의 생명[psuche]을 사랑하는" 사람은 잃을 것이고 이 세상에서 자신의 생명[psuche]을 미워하는 사람은 영생을 얻을 것이다"(요 12:24-25)라고 주님께서 말씀하셨다.

이것이 본성적 생명의 "정신적인" 부분이 "개발"되지 않아야 한다는 것을 보여주는 것이 아닌가? 저 낮은 정신적인 생명은 주님 그분으로부터 오는 고상한 "생명"을 십자가를 짐으로써 완성시키는 행동을 하지 못하도록 끊임없이 방해한다. 주님께서는 "생명을 주는 성령님"이신 그분의 구원자시다.

그리스도의 십자가가 모든 것에 "시금석"이 된다는 것이 얼마나 놀라운 일인가! "초자연적인 능력"이 신자 안에 있는 잠재적 정신력을 활동하도록 한다면, 이것이 십자가에서 와서 신자를 십자가의 길로 인도하지 않는다면, 이 "능력"의 출현을 하나님의 능력으로 받아들이는 것은 안전하지 못하다. 다른 사람들에게 강요하여 "자기"를 세우는 결과를 초래하는 "능력"은 단순히 정신적 능력들이 잠재되어 있지 않고 개발되어 십자가의 훈련에 이용되지 않았다는 것을 의미한다.

성령님께서 억압이나 강요 없이 하나님 말씀만으로 빛과 진리를 분별하여 회개하는 분별력 있는 사람들에게 작용하여 외부로 흐를 수 있는 길을 만드신다.

6. 영과 혼의 차이

히브리서 4:12를 살펴보자. **"영과 혼을 나누기까지"**– 즉 이 말은 하나님의 영을 받아들여 천국에 있는 존재들과 연결되어있는 인간의 고상한 부분인 영으로부터 비물질적인 인간 본성의 낮은 부분, 즉 짐승들과 마찬가지로 육체적 욕망을 추구하는 자리인 (비교하자면 고전 2:14의 헬라어와 같음, '자연[육체적 혼을 가진]인,' 유 19절) 육체적 혼을 분리해야 다다를 수 있다는 말이다. "그리고 **관절과 골수를 쪼개기까지**"-오히려 이것들을 나누면 "관절들과 골수"에까지 이를 수 있다.

그리스도께서는 "인간 안에 무엇이 있는지 알고 계신다"(요 2:25). 그래서 그분의 말씀은 인간의 가장 드러나지 않은 부분들, 감정들과 생각들을 나누어, 가장 세밀하고 정확한 지식에까지 이른다. 즉 잠언 20:27처럼 그렇게 인간 안의 세속적이고 육체적인 것에서 영적인 것을 구별하고, 혼에서 영을 구별하는 것이다.

레위 제사장의 칼이 사지의 관절들과 긴밀하게 연결되어 있는 부분들을 나누어 골수(헬라어는 복수로 표시됨)와 같은 더 깊은 부분들을 꿰뚫기에 이른다. 그래서 하나님의 말씀이 인간의 긴밀하게 연결되어 있는 비물질적인 부분, 혼과 영을 나누고, 영의 가장 깊은 부분들을 꿰뚫는다.

"관절과 골수"(에까지 이르는)라는 구절은 "혼과 영을 나누기까지"의 종속절이다… 앞에서 언급된 "혼과 영을 나누고", 이로 인하여 각각(영과 마찬가지로 혼)이 하나님

앞에 "벌거벗어" 그대로 드러나는 것을 설명하는, 문자 그대로 제사장의 칼로 관절을 쪼개고, 속을 열기 위해 골수를 꿰뚫는 (유대인들에게 말하기 적합한) 이미지다. 이 광경은 13절과 일치한다.

분명히 "영"이 가장 깊은 내면인 "골수"에 상응하듯 "영에서 혼을 나누는 것"은 칼이 관절들을 따로따로 나눈 "관절들"에 상응한다.

> 모세는 혼으로 구성되었고, 그리스도는 영으로 구성되었다. 혼은 몸을 끌어당기고 영은 혼과 몸을 끌어당긴다…쪼개어 깊숙이 꿰뚫는 능력이 되는 말씀은 처벌하고 치유하는 효과가 있다.

"사고의 식별" – 헬라어로 "의도를 판단할 수 있는 능력이다." **"의도"**에 대해 크렐리우스[Crellius]는 오히려 "개념"이라는 뜻으로 말하고, 알포드[Alford]는 "아이디아"라고 말하고 있다. "생각"에 대한 헬라어가 마음과 느낌들"을 말함에 따라 "의도"도 그런 의미로 해석한다. "정신적 개념들"이 오히려 지성을 말하고 있다.

1) 유다서 19절을 관찰하라

"영적" 또는 "성령을 가지고 있는" 구절과 정반대의 의미가 "감각적"(문자 그대로 "육체적 혼")이다. 고린도전서 2:14에서 이것은 "자연인"으로 번역되었다. 하나님께서 계획하신 몸과 혼과 영의 세 부분을 가진 인간의 상태는 하나님과 인간을 연합시키는 성령님을 받아들이는 "영"이 첫째가 되어 몸과 영의 중간에 있는 혼을 지배하는 것이었다. 그러나 **자연인** 안에 있는 영은 목적과 동기가 세속적인 육체적 혼에 종속되어있다. **"세속적인"** 사람들은 더 낮은 상태가 되는데, 왜냐하면 이들 안에서 가장 낮은 요소며 타락한 부분인 인간의 몸의 성정인 육체가 군주가 되어 다스리기 때문이다.

육체적 자연인에게 가장 고상한 부분이고 성령을 받아 들여야 하는 "영"은 "성령을 갖지 못하고" 있다. 따라서 이 사람의 영은 정상 상태에 있지 못하다. 이런 사람은 영을 가지고 있지 못하다고 듣는다(비교 요 3:5-6).

2) 데살로니가전서 5:23을 관찰하라

"영, 혼, 몸…전인이다." 이것은 원래 계획된 대로…정상적인 상태의 사람을 말한다. 각각 적절한 장소에 있는 영, 혼, 몸, 이 세 부분 전부가 인간을 "완벽"하게 구성하고 있다. "영"은 인간이 고상한 하늘의 지식들과 연결되도록 하고, 활동하는 성령을 받아들이는(고전 15:47) 인간의 가장 고상한 부분이다. "영적이지 못한" 상태에서 영은 낮은 육체적 혼으로 떨어지는데, 이것은 성령을 갖지 못한(영어로 감각적, 단순한 유기적 물체인 몸을 가지고 있고, 혼은 고무하는 비물질적인 본질이다) "육체"라 불린다.

3) 고린도전서 2:14을 관찰하라

"자연인"은 문자 그대로 육체적 혼을 가진 사람이다. 영적인 사람과 대조적으로 자연인은 영을 위압하는 육체적 혼의 지배를 받는다. 이 사람에게 성령은 없다(유 19절). 그래서 육체적(A.V. 자연적) 몸 또는 (타락한 이성과 마음, 단순한 사람을 다 포함하고 있는) 낮은 육체적 본성을 따르는 몸은 몸을 고무하는 성령과 대조된다(고전 15:44-

46과 비교). 신성한 삶에서 멀어져 자신을 높이며 육체적 욕망에 이끌리는 세속적인 사람과 아주 유사하다. "이 세상" 사람도 마찬가지다. 이런 사람들 가운데 악한 영에 사로잡혀 있는(약 3:15) 마귀 같은 사람이 가장 좋지 않은 무서운 성격이다….

4) 고린도전서 2:15을 관찰하라

"영에 속한 사람"은 문자 그대로 "영적인 (사람)이다". 14절에서 이것은 (A.V.에는 the가 아니다) "한 자연인"을 말한다. 영적인 사람은 성령님의 지배를 받는 사람으로서 위에 있는 동료들과 같이 구별된 사람이다. 중생하지 못한 사람들은 성령님의 통로(중생한 사람들에게는 영이 성령님의 통로다)인 영이 육신적 혼에 의해 압도되어 정지되어있다.[9] 애석하게도 너무나 흔하게 "육적 혼"은 영을 억압하고 심지어 중생한 영들을 억압하기까지 한다. 그래서 이런 사람은 "영적"이라고 부르지 않는다.

---

9) 애석하게도 너무나 흔하게 "육적 혼"은 영을 억압하고 심지어 중생한 영들을 억압하기까지 한다.

5) 고린도전서 3:1을 관찰하라

"그리고 나는…" 즉 자연인(육신적인 사람)은 받을 수 없기 때문에, 내가 영적인 사람들에게 말하는 것처럼 너희에게 하나님의 깊은 것들을 말할 수 없다. 그러나 나는 "**육신적인 사람**"에게…듯이 너희에게 무리하게 말하고 있다…"

전자(문자 그대로 육신적인 사람)는 전체적으로 육신적 또는 자연인들을 암시하고 있다. 세속적 또는 "육신적"인 사람들은 완전히 자연적이거나 또는 중생하지 못했다는 것이 아니라 상당히 세속적인 성향을 가지고 있다는 것을 암시하고 있다. 세속적인 성향에 대한 예를 들자면 불화라 할 수 있다. 사도 바울은 그들의 개종에 저항하고 있는 것이 아니라…완전히 자연인들에게 말하듯 해야 했다.

6) 야고보서 3:15을 관찰하라

"감각적이다." 이것은 문자 그대로 동물과 같다. "자연"인의 지혜는…본래 악하다…그리고 이것의 본질에 따라 성격 또한 악하다.

7. 영적 사실에 비추어본 혼적 모조품들

모든 순수한 영적 현상들 가운데에는 혼적 모조품들이 있다. 예를 들어 진리를 사랑하거나 사랑을 영적인 현상으로 보는 것은 본질적으로 혼적 모조품과는 다르다. 연민과 감동적인 애정으로 구성되어 있는 혼적 사랑은 단순한 육신적인 법칙일 뿐이다. 혼적 사랑은 고난을 피하려 한다. 이것은 세상의 즐거움과 관심을 얻으려는 노력이다. 이것은 가정과 사회와 결부된 능력을 과시한다. 그리고 가장 세련된 형태의 불행을 감당하고 인간적인 가족의 위로를 조장하는 것에 깊은 관심을 가지고 있다. 이 모든 것은 진리에 대한 뿌리 깊은 혐오가 있기 때문이다.

신성한 법칙이며 영적 현상인 사랑은 이 모든 것과 정확하게 반대되는 특성들로 구별된다. 이것이 하나님께 사랑이고 하나님께서 먼저 우리를 사랑하셨다(요일 4:19)

는 지식의 결과다.

혼적인 사랑이 피조물의 매개체를 통하여 창조주께 속한 것처럼 가장하는 반면에, 영적인 사랑은 창조주의 매개체를 통하여 피조물에게로 흘러간다. 피조물의 외적인 선을 발전시키기 위한 혼적인 사랑은 언제든지 창조주의 진리를 희생할 수 있다. 반면에 영적인 사랑은 피조물의 진정한 선이 창조주의 진리를 통하여 안정되고 발전된다는 것을 알기를 즐거워한다.

영적인 사랑은 진실한 진리와 연결되어있고 진리를 위해 다른 사람들과 연결되어있다. 영적인 것처럼 보인다 할지라도 혼적인 사랑은 하나님의 진리가 종속적인지를 판단하는 시험을 통하여 항상 검토되어야 한다. 반면에 영적인 사랑의 핵심적 특징은 오직 하나님의 진리에만 연결되어 있다.

자칭 혼적인 사랑의 본질은 잘 확립된 인간적인 일들과 그 위에 부여된 설득력 있는 인간적 합리성을 가지고 하나님 말씀과 조화시키기 위해 많은 고민가운데 그 자체를 속이고 있다. 이것은 심지어 하나님의 진실을 타협

하고 침범하기까지 한다. 그러나 신성한 영적인 사랑이라는 언어는 "비록 모든 사람이 거짓말쟁이라 할지라도 하나님이 진리가 되도록 한다"는 것이다.

영과 혼

Soul and Spirit

2012년 2월 15일 초판 발행
2015년 4월 13일 초판 2쇄 발행

지은이 | 제시 펜 루이스
옮긴이 | 김순임

펴낸곳 | 사)기독교문서선교회
등 록 | 제16-25호(1980. 1. 18)
주 소 | 서울시 서초구 방배로 68
전 화 | 02) 586- 8761~3(본사) 031) 942-8761(영업부)
팩 스 | 02) 523-0131(본사) 031) 942-8763(영업부)
홈페이지 | www.clcbook.com
이 메 일 | clckor@gmail.com
온 라 인 | 기업은행 073-000308-04-020,
             국민은행 043-01-0379-646
             예금주: 사)기독교문서선교회

ISBN 978-89-341-1178-8 (03230)

* 낙장·파본은 교환해 드립니다.